指向核心素养的逆向课程设计

邵朝友 著

Back-down Design of Curriculum:
Pointing to Key Competencies

华东师范大学出版社

·上海·

图书在版编目(CIP)数据

指向核心素养的逆向课程设计/邵朝友著.—上海:华东师范大学出版社,2018
ISBN 978-7-5675-8660-4

Ⅰ.①指… Ⅱ.①邵… Ⅲ.①课程设计 Ⅳ.①G423

中国版本图书馆 CIP 数据核字(2019)第 006569 号

指向核心素养的逆向课程设计

著　　者　邵朝友
策划编辑　王冰如
特邀编辑　桂肖珍
责任校对　赵小双
装帧设计　刘怡霖

出版发行　华东师范大学出版社
社　　址　上海市中山北路3663号　邮编 200062
网　　址　www.ecnupress.com.cn
电　　话　021-60821666　行政传真 021-62572105
客服电话　021-62865537　门市(邮购)电话 021-62869887
地　　址　上海市中山北路3663号华东师范大学校内先锋路口
网　　店　http://hdsdcbs.tmall.com

印 刷 者　上海景条印刷有限公司
开　　本　787×1092　16开
印　　张　14.25
字　　数　215千字
版　　次　2019年3月第1版
印　　次　2022年11月第7次
书　　号　ISBN 978-7-5675-8660-4/G·11731
定　　价　38.00元

出版人　王　焰

(如发现本版图书有印订质量问题,请寄回本社客服中心调换或电话021-62865537联系)

目 录

前言 _001

第一部分　知识基础

第一章　理解核心素养 _003
　　一、走向核心素养的教育改革共识 _004
　　二、核心素养的概念剖析 _006
　　三、核心素养的课程角色及其价值 _013

第二章　适合于核心素养的逆向课程设计 _025
　　一、逆向课程设计概述 _026
　　二、逆向课程设计与核心素养的内在联结 _033
　　三、指向核心素养的逆向课程设计的特征 _043

第三章　澄清目标：联结核心素养与教学目标 _051
　　一、核心素养与教学目标的内在逻辑：以学科课程为例 _052
　　二、匹配核心素养、学科核心素养与内容标准 _056
　　三、确定多层级的教学目标 _058
　　四、目标确定的问与答 _067

第四章 设计评价：判断核心素养的实现情况 _077

一、核心素养评价的3W _078

二、评价任务的研发：聚焦于表现性任务 _081

三、评价标准的制定：聚焦于评分规则 _089

四、评价设计的问与答 _099

第五章 创设经验：促进核心素养更好地落实 _103

一、活动设计的基本诉求 _104

二、围绕主要问题创设与组织活动 _108

三、活动设计案例及评论 _113

四、活动设计的问与答 _116

第二部分 案例开发

第六章 学科课程单元"美丽的秋天"的研制 _123

一、案例开发背景 _124

二、整体设计过程 _124

三、审视设计过程 _131

四、确定最终方案 _132

第七章 学科拓展课程"经典计数问题"的设计 _137

一、课程开发缘由 _138

二、关键事件回顾 _139

三、课程纲要呈现 _142

四、自编教材节选 _145

第八章　跨学科课程"爱的旅行"的构思 _157

　　一、拟解决的问题 _158

　　二、具体开发步骤 _159

　　三、开发结果呈现 _169

　　四、课程开发体悟 _173

第九章　超学科课程"梅花小导游"的规划 _175

　　一、来自学生的呼吁 _176

　　二、课程开发的思路 _177

　　三、活动指南的分享 _186

　　四、课程规划的总结 _193

附录　逆向课程设计的常用工具与技术 _197

其他参考文献 _209

前　言

我为什么要写这本书？

每个老师都有难忘的教学故事，我也不例外。

这是二十多年前的事了。1998年我任教于一所省重点高中，那是浙南地区的一所名校。记得刚走上讲台那年，我经常感到力不从心。一走进教室，面对四十多双眼睛，仿佛有个声音对我说——上得有趣点，让课堂更加活跃点。可是，每次上课总是我唱主角，很快就说完备课本上的内容，留下的一大片时间就是让学生做题目。这种局面整整维持了大半个学期，我终于在第一次新教师汇报课上遭到"痛击"。

那次汇报课的主题是库仑定律，教学难点在于定性地说明库仑力大小与什么因素有关。我为此在实验室里折腾了半天，准备了好几个实验。按照我的设想，实验可以提高学生的学习兴趣，而且这么多实验刚好可以让45分钟填得满满的。

那是个酷热的夏天，天气说变就变，上课那天居然下起了暴雨，而我根本没想到这将对我的第一个演示实验产生致命一击。这个实验的基本环节是用与毛皮摩擦后的橡皮棒吸引以不同距离悬挂于铁架台上的泡沫小球，从它们被拉开的角度来说明受力大小的差异。我的天！上课中，我使劲试了好几次，小球还是"巍然不动"！事后才知道，原来是空气太潮湿导致无法摩擦生电。幸亏另外3个实验让学生看得很"陶醉"，下课铃声前还刚好让学生解完了一个题目。然而，我感觉极差，至少组里主管教学的副校长没听完课就离开了。

果不其然，评课时大家"面色阴沉"。开始时没有一个人发言，最后还是教研组长程老师开口提了几个问题："本节课教学目标是什么？是不是可以减少实验数量？那么多实验就是摆设，学生好像没有真正进行探究学习！建议你把这一章所有知识点的目标都罗列出来，接下来备课时就根据这些目标设计教学活动。"组里的元老蔡老师接着说:"这几个实验总体还是好的,但不能为了活动而活动,要和这节课的目标联系起来。虽然你第一个活动没成功,这个有客观原因,你可以向学生解释。其实这个实验学生在初中应该接触过,没成功不会影响整节课的效果……"煎熬过七嘴八舌的教研活动,借用学校传达室的电话我联系了副校长,表达了自己没上好课的惭愧,副校长则直接说出自己看法,意思是作为新教师,难免缺乏教学艺术和教学机智,但这节课最大问题是教学目标不明确,以后一定要避免。

古人云"祸不单行",还真是有点道理。期中考后的学生座谈会上,学生代表反映半个学期来,在我的课堂上他们缺乏深入思考的机会,经常在"浅层思考大量做题"中度过。学年结束后,按照学校惯例,学评教分数不好的教师要在原来的年级重教一年,我不出预料地重新回到高一年级任教。往事未必如烟,这些事至今历历在目,让我刻骨铭心。犹记得痛定思痛之余,我在每次备课时会对自己提出两个要求:用自己的话具体地说出教学目标,为它配置适当的学习活动。慢慢地,关于课堂我有了点自信,课堂时间也安排得比较紧凑,不会再有大量时间空余出来让学生做题目了,还经常感到许多内容来不及说。

又到了新教师汇报课,还是原来那拨人来听课。当时上课的主题是"匀变速直线运动复习课",我计划用三节课复习这部分内容,用来汇报的第一节课打算让学生在明白各个物理量及其关系的基础上形成知识体系。有教学经验的老师都知道,复习课很难上,要上出新意更难。当时我很想上出新花样,就结合教学目标准备了一个具体的实物模型来说明各个物理量的含义,试图让各物理量与实际情境一一对应起来。例如,演示木块在长 1.5 米左右木板上运动时,用 who、when、where、how 来总结各个物理量(质点、时间、位移、速度与加速度)的含义、关系及其适用条件(如运动的木块不能视为质点,因为它并没有远远小于木板的尺寸)。整节课围绕这个实验展开,学生主动地参与讨论,听课老师的神情显得比较投入。课后研讨中,待我说了备课思路后,副校长首先说了本节课的两大创意,一是用具体情境联结了物理量及其运动规律,使得学生进行了知识建构;二是用 who、when、where、how 对知识点进行了结构化处理。其他教研组的老师也纷纷表示,这一年来我的进步很大,这节课的学习活动紧扣目标,很有创意……总算咸鱼翻身了,在这所重点高中我总算可以"混下去"啦。

2004 年,我离开这所高中,考入华东师范大学课程与教学研究所。攻读硕士学位期间,我查阅到了一些有关逆向设计的文献,发现它适用于学期学年、单元模块,甚至课时层面的课程方案。其基本思路是开展三阶段的课程设计,即在阶段一先确定学习目标,然后在阶段二设计评价以获得目标落实的证据,接着在阶段三创设与组织教学活动。这些具体阶段都包含了丰富的内容。例如学习目标往往是高阶复杂的,需要通过大观念(big idea)来实现。所谓的大观念有助于培养学生的迁移能力,学生对大观念的理解与运用意味着学习目标的落实。又如评价设计强调学生表现,以获得高阶复杂学习目标落实的证据。这些文献对我触动很大,促使我重新回顾以前的教学,尤其是那两次重大教学事件。

从逆向设计角度看,首先,当年第一次汇报课失败的关键原因之一在于为活动而活动,没有认真考虑过教学目标,甚至可以说是无目标的教学,而明确的目标是课堂教学成功的必要因素,它使得后续的教学活动更有针对性。其次,即便第二次所谓成功的公开课,虽然有着明确的教学目标,但是我没有考虑这些目标背后更大的概念,例如关于库仑定律演示实验背后涉及的科学研究范式下的控制变量法。之所以不会做这样的思考,是因为我和许多教师一样,平时都是一节课一节课地写教案,即便学校鼓励一些专业水平较好的教师在寒暑假期间对下学期进行整体备课,但这样的备课更多考虑的是如何让教师对课程形成一个知识网络,而不涉及一些更大的概念。而这样的大观念处于学科的中心地带,是学生发生学习迁移的重要基础。再者,和其他一线老师一样,我非常关注怎么教,极其重视教学方法或技巧,却很少关注怎么教所指向的教学目标,也不重视评价,喜欢用纸笔测试来"包打"所有目标。这其实是很成问题的,因为评价本身就是课程教学的必要因素,它的功能与作用应在课堂上得到充分体现。老实地讲,我的这些问题具有一定的共性,当时我就想,逆向设计应是针对它们的一剂良方。

2007年硕士毕业后,我就职于杭州市余杭区教育局教研室,由于工作原因时常参与一些听评课活动。在一些小范围的实验合作中,我发现一些教师很容易接受逆向设计的思路,一些学校反映这种三阶段的程序很容易上手,把目标、教学、评价联结起来,使教师具有课程的整体意识。但囿于认识水平与研究能力,这些尝试还局限于逆向设计的形式,并未深入到大观念的层面,而它恰恰是落实核心素养这些高阶统整性目标所需要的。2014年,我重新考入了华东师大课程与教学研究所攻读博士学位。时值核心素养开始出现在我国教育界,2016年教育部出台了《中国学生发展核心素养(征询意见稿)》,接着正式出台了《中国学生发展核心素养》,核心素养遂成为各个教育媒体、报纸杂志的宠儿。鉴于对核心素养重要性的认识,一些基层学校甚至开展了基于核心素养的教学活动。客观地讲,这些"先锋"学校精神可嘉,但实际运作时还存在不少问题。例如,一些教师大多套用了核心素养这些词组,备课或上课还是老样子,一点一点地教知识点,交流时无非在书面文本中提出它们指向的核心素养。就我所知,目前不少老师很困惑——有了核心素养后,到底该怎么开展课程教学?他们经常问我一个问题,有了核心素养,课程教学到底需要发生哪些变化?

这确实是个很关键的问题!因为随着《中国学生发展核心素养》的面世,我国即将进入核心素养的课程教学时代,基于核心素养的教育势必成为未来很多年学校教育的主流话语。站在一线教师的角度看,指向核心素养的课程设计无疑将构成广大中小学教师专业活动的重要内容。遗憾的是,在这方面我们所知有限,毕竟这是个新鲜的事物。

因我个人的研究兴趣,这些年所作的研究均与这个问题关系紧密,为了给这个问题提供可能的答案,我试图以逆向设计的视角来发展课程。之所以选择逆向设计,主要在于这种三阶段设计程序非常紧凑,对一线教师非常适切。例如,阶段一使得课程教学紧扣目标,确保了课程教学在大方向上不会走偏;阶段二先于学习活动设计的评价设计使得教师关注学习目标是否得以落实,消除了那种可能产生"只教不评"、只指向"简单知识+简单评价方法"的现象;阶段三的学习活动设计则基于前述两个阶段为学生提供适宜的学习经验,实现问题导向的学习。这些优点恰恰都是课程教学的核心,也是目前教学实践问题需要解决的重心。原则上,这样三阶段的设计思路适合任何课程设计。但对于指向核心素养的课程设计来说,逆向设计所指向的学习目标类型非常适合于培养核心素养,而其所蕴含的通过主要问题来落实大观念学习要求的思想更是与培育核心素养这样的学习目标直接匹配。而在实践方面,逆向设计盛行于北美大陆,是一种被学校教师普遍认可的课程设计模式。这些事实也给予我更多的信心来完成本书。

正是基于个人教学经验、研究基础、现实需要,我着手撰写本书,期许它能为教学实践提供一些理论技术与实践案例。考虑到课程设计本身有着不同的理解或取向，它可以指向结果或产品的实现，如在国家课程基础上开发的方案或教师自行开发的课程方案，甚至也可以包括课程方案开发之后所进行的课堂教学。本书认为课程与教学是合一的，教学并非只是实现课程的手段，课程设计也并非只是罗列课程目标或种类就完事，还内在地包含"有了目标后如何行动"的思考。确切地说，通俗意义上的课程与教学可合写为"课程教学"。从书写文本的角度看，课程发展过程就是课程方案的发展过程。限于个人能力和精力，本书聚焦于学校一级课程方案的设计，不包括课程方案开发之后的课堂教学。

学校一级的课程方案可分为三个层面。一是宏观层面的学校课程规划方案，即学校依据自己的教育哲学或理念，对全校学生在该阶段要学习的全部课程进行整体规划。二是中观层面的一门课程的学期或学年课程纲要，即教师对学生在某一学期或学年所要学习的某门学科（包括国家课程和校本课程）的目标、内容、实施与评价进行整体设计。三是微观层面的单元或主题或课时的教学方案，即教师在开展专业实践之前，依据国家课程标准中的内容标准要求以及对应的课程纲要，对某一课时或某几课时、某一知识点、某篇课文、某个单元或主题后续的具体教学进行专门设计；或是按照校本课程的纲要，进行单元或主题或课时的教学设计。[①] 本书主要探讨中观与微观两个层面的课程方案，并分别用"课程纲要"来指学年或学期的课程纲要，用"教学方案"来指单元或课时层面的课程方案。本书不仅呈现最终课程设计的课程方案，还全面而详细地呈现了产生课程方案的开发历程。在笔者看来，课程不仅可以作为名词还可以作为动词，这种开发历程的实质是以学习为中心，以目标、教学、评价的一体化为指导原则。

这本书含有哪些主要内容？

尽管我们还可列举更多理由来说明"联合"逆向设计与核心素养的合理性，但是我

---

① 张菊荣，周建国，主编.教了不等于学会了[M].崔允漷，周文叶，主审.上海：华东师范大学出版社，2018：序.这里的内容标准在2017年新公布的各门国家课程标准中被称之为"内容要求"，本书统一用"内容标准"。

们必须满足一线教师两大需求：一是在学理上为指向核心素养的逆向课程设计提供理论与技术基础，二是提供相关案例以供教师更直观地理解这些理论与技术。为此，除了附录"逆向课程设计的常用工具与技术"，本书主要开辟了两大部分：第一部分探讨相关的理论与技术，尤其是结合核心素养将逆向设计思想本土化，建构课程实施路径与技术，以助教师思考并超越纯粹经验。第二部分分析相关实验学校的案例，不仅呈现开发结果还揭示开发历程，以助教师获得更多启示与借鉴。

第一部分共分五章。第一章解释核心素养的内涵，这是开展指向核心素养的课程设计的前提性认识基础。第二章论述为何选择逆向设计来落实核心素养，这为后续行文提供了合理辩护。第三章以学科课程为例探讨核心素养与教学目标的联结，包括如何匹配核心素养、学科核心素养、内容标准，如何从内容标准中获得教学目标等众多技术。第四章着重研究如何开发表现性任务与评分规则，这是获得学生学习水平证据的关键技术，也是教师日常评价与教学的"常规武器"。第五章旨在回答如何围绕主要问题创设与组织学习活动，其关键在于怎么发挥学生学习的主动性、实现情境化的统整学习。依据上述五章知识基础所设计的课程方案应具备开放性，这是因为课程方案所指向的核心素养并不能在本方案实施后就完全被学生习得，核心素养会以不同的面目出现在其他学习主题或内容上。这意味着课程方案并不是孤立的，不同方案之间应具有内在关联，严格说来，应统筹规划核心素养的落实，并将之系统化为各种课程方案。

第二部分共分四章，它们都运用了课程整合的思想，因为在根本意义上核心素养需要采用课程统整来落实。这四章是来自一线学校的四个案例，每个案例指向不同的课程整合形态，总体上都采取了逆向设计思路，展示了不同形态的课程设计中一些值得注意的差异。具体说来，第六章以小学二年级语文"美丽的秋天"为例，探索通过学科课程单元落实核心素养的教学方案设计，第七章以高中二年级数学"经典计数问题"为例，探讨在学科拓展课程中如何落实核心素养的所思所为，这两章都指向学科内的课程统整；第八章以小学五年级"爱的旅行"为例，构思跨学科课程的一种可能做法，第九章以小学三年级"梅花小导游"为例，开展超学科课程规划的本土行动，这两章都超越了学科限制。

这些内容适合于哪些读者？

就笔者所见所闻，即便把理论与实践分开考察，一线教师不仅存在学习理论技术的需要，也存在学习实践案例的需要，二者缺一不可。这正是本书隐藏的一个立论：除了要让教师明白"为什么"，还要让他们知道"怎么做"。

鉴于"核心素养＋逆向设计"如此重要，笔者认为本书的潜在读者除了中小学教师，还包括教育行政人员、中小学校长、课程与评价专家、大学教育专业的学生、从事师资培训的教师等。我也深刻地认识到，本书还存在这样那样的问题，在当前教育大背景下，本书所说的每一个建议或做法都绝非易事，甚至在一部分地区很难得到实施。在此，真诚地希望读者给予我阅读反馈与善意支持。

读者的专业实践需注意什么？

当读者阅读完本书后，可能会有一个困惑——本书只提供了一些大的思路框架，并未提供非常具体的操作步骤。本书并不求全，这些思路框架不能全部概括各种课程类型与技术，例如正如标题中"指向"两字所示，书中涉及的学习目标是一个目标体系，而非一个目标；核心素养并不是唯一的学习目标，即便在最可能作为课程目标的跨学科与超学科课程中，它也只是目标体系的一个构成。这是因为实践非常复杂，过于刚性的规则并不适合教育领域，它在绝大多数情况下只能提供一些模糊规则，何况指向核心素养的课程类型众多，也难以做精确规定。因此，教师开展专业行动时，需要立足课程本身的属性与现场。

除此之外，本书案例开发中只是"讨巧"地选择了一些比较公认的明确的学科核心素养。截至书稿初成时，我国学科核心素养并未曾真正公布，学科核心素养还未拥有相应的表现水平，相关学业质量标准也尚未出台。之后一段时间，我国陆续研制了一些相关文本，但书中所提的一些思路与技术仍是课程设计所需的，教师在教学时可把它们纳入课程设计的考虑范围，在这些思路与技术中融入相关要求。有关这方面的理论与实践，本书未能进一步展开探讨，有待后续研究跟进。

最后，本书受浙江工业大学社会科学研究院资助，在此深表感谢！在本书完成的过程中，我得到了来自各合作学校、师长、朋友与家人的帮助与支持，在此一并致谢！

邵朝友

2018.04.18

第一部分
知识基础

当你翻到本页,或许已经被"核心素养"与"逆向设计"吸引了。你或许有着这样的困惑——现在关于核心素养的说法不少,到底该如何理解核心素养?逆向课程设计又是怎么回事?它凭什么可以用来设计指向核心素养的课程?又要如何设计这样的课程?本部分试图回答这些问题,其包含的五个章节所回应的问题及其关系可图示如下:

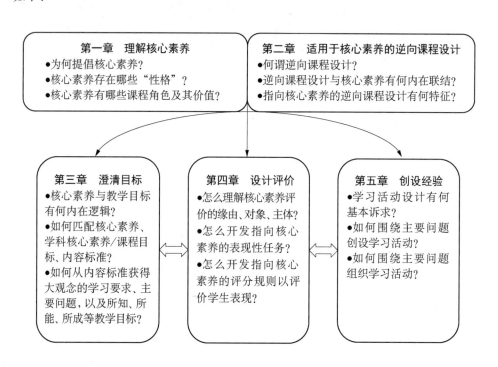

总体上,第一、二章共同回答了为何逆向课程设计可适用于指向核心素养的课程。建基于此,第三、四、五章三章内容依次对应逆向课程设计的三个阶段,着重论述、丰富相关理论基础及各种实施技术,并为实施中的相关注意事项开辟了"问与答"栏目,以解释读者可能存在的疑惑。

第一章

理解核心素养

这是个大时代,信息化、全球化、知识经济纷至沓来。在这样风起云涌的时代,需要学生学会什么,养成什么样的品质,才能满足个体的健全生活、国家发展与社会进步的需要?这个问题是全球面临的共同挑战。今日许多国家与地区都以核心素养为中心启动教育改革,期望在核心素养的统领下完善各自的教育体系。那么,这些国家与地区何以形成以核心素养为中心的教育改革共识?核心素养有何基本内涵?又有着怎样的课程角色与意义?这三个问题构成本章的论述中心。

一、走向核心素养的教育改革共识

在当今这个急剧变化的时代,无论是知识生产、工作岗位更替,还是社会结构变迁,相比以往任何社会,更为快速与动荡。站在这样的时代大背景下,对教育的思考离不开两个问题:成功人生应该怎么样?健全社会应该怎么样?核心素养回应了这两大问题。

在教育史上,核心素养(key competencies)并非近年来才出现的一个概念,自1970年代以来,相关概念如"通用技能"(generic skills)、"关键技能"(key skills)、"核心技能"(core skills)层出不穷。这些概念共同指向一个问题,即为了回应当今时代的需要与自身发展的需要,学生需要哪些最为基础、关键、必要的素养?对此,人们试图做出各自的回答。斯柏蒂(W. G. Spady)认为,在一个快速变化的年代需要培养学生跨学科或综合素养,其根据"基于结果的教育"(Outcome-Based Education)提出"团队成员与参与者"、"问题发现者与解决者"、"倾听者与交流者"等培养目标。[①] 联合国教科文组织(UNESCO)基于终身学习社会的需求,提出"学会求知"(learning to know)、"学会

---

① Spady, W. G.. Outcome-based education: Critical issues and answers [M]. Arlington, VA: American Association of School Administrators, 1994:77.

做事"(learning to do)、"学会与人相处"(learning to live together)、"学会自我实现"(learning to live be)、"学会改变"(learning to change)等五大素养。① 国际经合组织(OECD)的一个项目更是使得核心素养理念广为流传。1997 年底,OECD 和瑞士联邦统计署(Swiss Federal Statistical Office,SFSO)赞助了一个国际性的跨界项目,即"素养的界定与选择:理论和概念的基础"(Definition and Selection of Competencies: Theoretical and Conceptual Foundations,DeSeCo)。该项目由社会学家、哲学家、人类学家、心理学家、经济学家、历史学家、统计学家、评价专家、教育学家以及决策者、政策分析师、贸易联盟、雇主、全国性与国际性组织代表共 21 人组成,分别于 1999、2001、2003、2005 年出版了关于核心素养的相关研究报告。当时正值世界各国都在探索新世纪的教育改革方向之际,该系列报告的发表犹如为在茫茫大海中航行的人们点亮了一盏航灯。凭借 OECD 在政治、经济、教育领域的国际影响力,核心素养为 21 世纪知识经济时代、信息与全球化社会的教育指明了方向。② 随后,八国集团(G8)、联合国教科文组织(UNESCO)、欧盟(EU)、新加坡、中国台湾地区等都相继采用核心素养来设计所有教育阶段的课程。可以说,核心素养是理解当前国际课程设计的关键词,目前基于核心素养的课程设计已蔚然成风,核心素养被视为课程设计的关键 DNA,是个人发展与社会发展的关键,更是培育能实现自我与促进社会健全发展的高素质国民与世界公民的重要基础。在这样的背景下,核心素养驱动的教育变革在全球教育领域成为一股势不可挡的国际浪潮。

为紧跟国际教育发展潮流,近年来中国大陆也积极谋求以核心素养为中心的课程改革。如果以 1978 年恢复高考为考察始点,核心素养取向乃是在双基取向、三维目标取向基础上发展而来。③ 在 1978—2001 年期间,我国的教育培养目标主要定位于培养学生的基础知识与基本技能,这段时期可称之为"双基时代"。提倡双基有其特殊性,当时社会各行各业正处于百废待兴之际,亟需大量拥有熟练技术的工人与其他人员。应该说,在那样的时代背景下,强调基础知识与基本技能有其必然性与合理性,但从教

---

① United National Educational, Scientific and Cultural Organization Institute for Education. Nurturing the treasure: Vision and strategy 2002 - 2007 [R]. Hamburg: UNESCO Institute for Education, 2003.
② 崔允漷.追问"核心素养"[J].全球教育展望,2016(5):3—10,20.
③ 崔允漷.基于核心素养的课程标准研制[R].上海:华东师范大学出版社,2015.

育本身来说,仅仅关注双基显然是不够的,它遮蔽了"人"在教育中的核心地位,容易产生"见物不见人"的不良后果。因此,教育部在2001年启动了第八次课程改革。相比之下,本次改革的培养目标大大超越了基础知识与基本技能,把学生置于大众社会—自然环境—个体生活的大框架中来思考要培育什么样的人。而作为本次改革的标志性文本,课程标准更是旗帜鲜明地提出由知识与技能、过程与方法、情感态度与价值观组成的课程目标。这种三维目标实际上关注了学生作为"人"的素质,把目标作为一种整体来对待,极大地扩展了人们对培养目标的认识。但客观地说,这样的培养目标尚未描述出清晰全面的学生形象,没有明确三维目标的实质内涵——其背后关涉想培养什么样的人。这样的追问深刻地烙印着时代的色彩。在急剧变化的时代,为了社会与个体的健全发展,每个个体必须具备共同的关键素养。这种共同的关键素养是最低的共同要求,是个体不可或缺的关键、必要、重要的素养。2014年3月我国教育部正式印发《教育部关于全面深化课程改革落实立德树人根本任务的意见》,提出未来教育改革要将"立德树人"的要求落到实处,充分发挥课程在人才培养中的核心作用,指出要研究制订学生发展核心素养体系和学业质量标准。① 2016年9月公布的《中国学生发展核心素养》明确指出,核心素养主要指学生应具备的,能够适应终身发展与社会发展需要的必备品格和关键能力,其内容包括六大类素养——人文底蕴、科学精神、学会学习、健康生活、责任担当、实践创新。② 有别于基础知识与基本技能,核心素养是人们通过学习而得的知识、技能、态度的综合体。也有别于三维目标,核心素养凸显了基础教育所要培养的学生的具体形象。综观而言,我国即将迎来基于中国学生发展核心素养的教育时代。

二、核心素养的概念剖析

那么,什么是核心素养?从构成看,核心素养(key competencies)由关键(key)与素养(competencies)两词组成。"key"一词在名词上意指开门所需的钥匙,可隐喻为形

---

① 申继亮.把握育人方向,创新育人模式——解读教育部《关于全面深化课程改革落实立德树人根本任务的意见》[J].基础教育课程,2015(3):10—12.
② 核心素养研究课题组.中国学生发展核心素养[J].中国教育学刊,2016(10):1—3.

容词"关键的、重要的、必要的",这和中文"核心"的内涵接近,为我们所熟悉,也易于理解,而"素养"则需作更深入的考察。

（一）何谓素养

在中文词汇中,"素养"、"才能"、"本领"、"技能"是一组同义词。英文中亦有类似现象,表示"素养"的相关词语有"competence"、"ability"、"skill"、"capability"。为明晰"素养"的概念,极有必要厘清上述词语的内涵。

Competence 的拉丁字根包含认知与态度,其内涵泛指表现出来的、能够有效解决问题的素养。在应用上,competence 可用于比较抽象的基本素养,competencies 则是它的复数形式,指向比较具体的素养。目前我国大陆与台湾地区用"核心素养"称呼 key competencies,一些国家或地区则用"通用本领/公民素养"(general capabilities)[1]来描述核心素养。

Capability 一词指处理某件具体事情的本领。在抽象程度上,capability 较之 competence 更为具体,但有时因文化传统或国情有别,难免出现特例,如澳大利亚《国家教育标准》(2008)中的"general capabilities"就比较抽象,指向在不同学习领域习得的统整性学习结果。[2]

Skill 是指操作性动作中显示出的技巧或技术,可翻译为"技能",它与知识、情意构成了素养(competence)。在中文语境下,技能即程序性知识,包括动作技能与思维操作技能。

Ability 是指个体内在拥有的,但还未经实践证明的实力,对应于中文"才能"一词。在古德(C. V. Good)撰写的教育词典中,ability 是指个体可能胜任被给予的任务,属于个人的内在潜质,但不等同于有效处理事务的行为表现。[3]

由上述语义分析可知,素养相关用词在概念上具有层次性的差异,必须加以区别以免造成混淆。以层次而言,competence 可用以指示国家教育政策或学科中的基本素

---

[1] 蔡清田.课程改革中的"素养"(competence)与"知能"(literacy)之差异[J].教育研究月刊,2011(3):84—96.
[2] ACARA. Australian curriculum [EB/OL]. [2012-05-11]. http://www.acara.edu.au/home_page.html.
[3] Good, C. V.. Dictionary of education: Prepared under the auspices of Phi Delta Kappa [M]. New York, NY: McGraw-Hill, 1959: 35.

养,属于比较抽象的素养概念;capability 可用以指示处理某项特定、具体事务的素养概念;skill 一词是指素养表现中的一种构成要件;至于 ability 则是指个体内在的潜质,是个体可以有效解决问题或完成任务的内在条件。从实际情况看,人们对素养的基本内涵达成如下基本共识:

素养内在地包括知识、技能、情意等因素。素养包含必要的知识、技能、情意,它们是解决问题的个体内在资源。学生除获取知识与技能,还须培养自主、自发、自我导向,以及自我学习与行动、责任与态度、动机与价值观。

素养概念强调表现,体现为特定情境中个体解决问题的行动。解决实际问题或完成任务是素养的外在表现,这些个体行动乃发生于情境之中。换言之,素养是通过个体在具体问题情境下,综合利用自身内在资源与外在资源解决具体问题来体现的。

素养是个体后续发展的基础,服务于社会发展与个体幸福生活。研制素养导向教育标准的一个重要目的,是培养富有竞争力的公民,并促使个体走向成功生活。之所以能达成如此目的,乃因为素养为个体后续发展埋下了可能性。[①]

(二)何谓核心素养

作为素养的下位概念,核心素养自然具备素养应有的所有特质,但更具有自身独特的意涵。笔者认为可从以下四个方面来把握核心素养。

1. 核心素养是关键、重要、必要的素养

上文对"核心"与"素养"概念的梳理清楚地显示了"核心素养"的这层意涵。从教育的实际限制看,这其实不难理解——固然理想上,学生需要具备各种各样的素养,但考虑在校学习时间限制、社会与学生个人发展的现实需要,核心素养数量显然是有限的。以"中国学生发展核心素养"为例,它实质指向三大方面,概要性地勾勒出六大核心素养,以及相关的十八个基本要点。从表1.1可以看出,这些素养都是学生终身发展所需要的,例如"学会学习"为学生后续发展奠基,"科学精神"培养学生进行科学探究的追求。

---

① Eckhard, K., Hermann, A., Werner, B., et al. The development of National Educational Standards-An expertise [M]. Berlin: Federal Minister of Education and Research (BMBF), 2004: 45-70.

表 1.1　中国学生发展核心素养

三大方面	六大核心素养	18 个基本要点
1　文化基础	1-1　人文底蕴	1-1-1　人文积淀；1-1-2　人文情怀；1-1-3　审美情趣
	1-2　科学精神	1-2-1　理性思维；1-2-2　批判质疑；1-2-3　勇于探究
2　自主发展	2-1　学会学习	2-1-1　乐学善学；2-1-2　勤于反思；2-1-3　信息意识
	2-2　健康生活	2-2-1　珍爱生命；2-2-2　健全人格；2-2-3　自我管理
3　社会参与	3-1　责任担当	3-1-1　生活责任；3-1-2　国家认同；3-1-3　国际理解
	3-2　实践创新	3-2-1　劳动意识；3-2-2　问题解决；3-2-3　技术运用

这些关键、重要、必要的素养在数量上较少，但包含的内容很广。例如 OECD 确定的核心素养看似只有三大核心素养及其九个相关子项，没有多少内容，其实不然，这些素养具有高度概括性，是种类概念。表 1.2 中"列举的行为"只显示了"能力指标 1-B"的内涵，而实质上"列举的行为"的四条要求都包含了某一类信息与内容。

表 1.2　OECD 核心素养及能力指标

核心素养类别	能力指标	列举的行为
互动地使用工具	1-A　互动地运用语言、符号与文本的能力 1-B　互动地运用知识与信息的能力 1-C　互动地运用技术的能力	以"1-B 互动地运用知识与信息的能力"为例，它要求个体： 1. 识别和确定不懂什么； 2. 鉴别、定位与接入合适的信息源（包括电脑空间中汇编的知识与信息）； 3. 评价该信息及其来源的质量、适当与价值； 4. 组织知识与信息。
与异质团队互动	2-A　与他人和谐相处的能力 2-B　合作能力 2-C　管理与解决冲突的能力	
自主行动	3-A　处在更大的情境中的行为能力 3-B　制订和执行生活计划、个人项目的能力 3-C　维护权利、利益、界限与需求的能力	

2. 核心素养是综合知识、技能与态度的统整性素养

素养由知识、技能与态度构成，核心素养更是如此，它要求学生具有关键能力、必备品格、价值观念。换言之，核心素养不只是单一的知识或技能，也不是单一的情意，而是包含知识、技能与态度的整体。相比零碎化的知识与技能，核心素养显得非常"粗线条化"，其覆盖的内容很广，涉及众多复杂的知识、技能与情意态度，许多国家、地区或国际组织都是如此认为的。例如，表 1.2 OECD 给出的核心素养明显超越了知识与技能，体现出 OECD 会员国的一个共识：在当今社会，知识累积已不足以帮助个人应对挑战。要应对这些挑战，个人必须具备处理复杂心智任务的素养，并常常需要综合运用不同素养来满足情境的要求。不同情境所要求的素养组合亦有所不同，这也意味着素养包含了内在心理特质与外在行为表现。

这样的素养具有很强的概括性，呈现为条目时仅有几条，但它们之间不是相互独立割裂的，解决问题往往需要综合运用不止一种核心素养。通过问题情境，核心素养的各个构成要素被"打包"为一个整体，并体现于问题解决过程之中。这与传统的知识与技能有所不同，因为知识与技能往往是去情境化的。或者说，在评价知识与技能时，人们通常会以"解压"方式获得更零碎的知识与技能后，用非情境化的评价任务来实施知识与技能的评价。例如，DeSeCo 计划描绘的核心素养强调的就是一个人在特定的情境中，能成功地满足情境中的复杂要求与挑战，顺利执行生活任务。[1]

3. 核心素养是可学、可教、可评的

核心素养并非学生先天具有的，否则，我们就没有必要花那么大力气去研究。恰恰相反，正是通过培养与发展，借助教学、社会、动机的刺激，学生才能通过后天习得素养。从教育的观点看，核心素养是指一个人接受教育后的状态，或者说是一种教养。这样的教养包含知识、技能与态度，具有内在的结构，这使得教学具有了指向性。这样的教养可以通过各门课程教学使学生习得相关的核心素养，进而为学习后续新的素养夯实基础。

另一方面，可学与可教的核心素养还是可评的。例如 OECD 主持的国际学生评

---

[1] Rychen, D. S. & Salganik, L. H.. Definition and selection of competences (DeSeCo): Theoretical and conceptual foundations: Strategy paper [R]. Neuchatel, Swizerland: Swiss Federal Statistical Office, 2002.

估项目(Program for International Student Assessment,PISA)就是一种素养取向的评价行动,旨在考察学生解决问题的基本素养。确实,核心素养的许多内涵可能无法直接测量,但我们可以通过真实生活情境中个体的实作表现行动作间接推断。① 因此,我们可运用适当的评价工具与方法(例如表现性评价)来评价学生核心素养的发展水平。

4. 核心素养是成功人生与健全社会所需条件

各个国家、地区或国际组织在界定核心素养上有着基本共识,即从个人发展与社会发展的角度来选择与确定核心素养。尽管它们之间存在一定的差异,如一些国家或地区可能更重视个人发展,而另一些则更侧重社会发展。但在大的方向上教育离不开两方面的思考:成功人生是什么样的?健全社会是什么样的?

以权威的OECD为例,其确定核心素养行动的内在逻辑就在于回答这两大问题。站在个人发展的角度看,使受教育者有能力实现个人人生目标是教育目的之一,但什么样的人生才是成功的?每个人的人生目标都是一样吗?答案莫衷一是,而且极可能陷入相对主义的争论。但如果无论什么样的生活都是有价值的,或者成功人生有高下之分,那么前者将使成功人生成为空洞,后者将使成功人生变为少数人专利。本书认为,成功人生具有一定共性,例如健康与安全的需要、自由与权力的需要等等。在这点上,DeSeCo计划借鉴了欧盟关于成功人生的八项指标。这八项指标分别为:(1)经济地位与资源:有收入的工作;收入与财富;(2)政治权利与权力:参与政治决策;参与利益团队;(3)知识资源:接受正规教育权;获取学习资源;(4)住宅与基础建设:居住品质;居住环境;(5)个人健康与安全:主观与客观健康度;人身安全;(6)社会网络:家庭与朋友;亲戚与熟人;(7)休闲与文化活动:参与休闲活动;参与文化活动;(8)个人满足与价值导向:个人满足;价值导向的自主性。成功人生离不开外部社会环境,它们是相辅相成的。那么什么是健全社会?健全社会直接决定了评价指标的选择与测量方式,进而决定核心素养的选择。因此在确定核心素养前夕,DeSeCo计划提出了健全社会的六项指标:经济生产力(economic productivity);民主程序(democratic

---

① Salganik, L. H. & Stephens, M.. Competence priorities in policy and practice [C]// D. S. Rychen & L. H. Salganik(Eds.), Key competencies for a successful life and a well-functioning society. Cambridge and Gottingen: Hogrefe & Huber, 2003: 13-40.

processes);团结与社会和谐(solidarity and social cohesion);人权与和平(human rights and peace);公平、平等与免于歧视(equity, equality, and the absence of discrimination);生态永续(ecological sustainability)。该六项指标为构建核心素养提供了指向。由此可见,OECD核心素养对应了知识经济、个人自我实现、社会融入与就业需要。这些素养是当前社会发展、个人发展的最基础条件,不仅具有可操作性,更是个人终身学习、社会互动融合的基础。正是基于成功人生与健全社会的思考,OECD提出了自主行动、与异质团队互动、互动地使用工具三大核心素养,并认为三大核心素养都要凸显反思精神,关注个人在道德和智能上的成熟。具体说来,反省性的思考涉及相当复杂的心智过程,并且要求个人将思想过程从主体转变为客体。当个人要精熟某项特殊的心智技能时,反思帮助个人思考如何学习与同化此项技术,联结其个人经验,改变与调整此项技术及其后续的实际运用。因此,反思必须运用元认知技能、创造力及批判力,不仅涉及个人如何进行思考,也包括个人如何建构其思想、感受,以及与社会相关的整体生活经验。图1.1展现了OECD当年构建核心素养的理路。

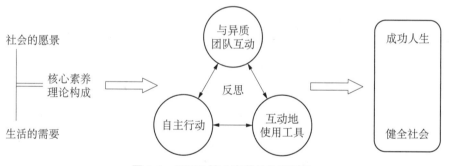

图1.1　OECD核心素养的构建理路

5. 核心素养是源于理论研究与现实需要的共识结果

作为成功人生与社会发展所需的素养,核心素养并非唾手可得,它的确定与选择需要理论研究,也需要现实调查。正是这种严谨的行动,确保了核心素养的合理性和权威性。

以"中国学生发展核心素养"为例,它集结了国内一批顶尖的专业力量,项目组研究了国外众多国家和地区有关核心素养的理论与实践,梳理了国内的历史传统,调查了社会发展的现实需要,历经三年团队攻关而得。OECD同样也是如此。在确定和选择核心素养时,必须作出以下理论思考:存在少数核心素养的基本假设是正确吗？如果是,这些核心素养是什么？这些核心素养在不同政治、经济、社会与文化背景中具有多大程度上的共性与差异？为此,DeSeCo计划先后开展了五次大规模行动:(1)通过国际比较分析不同国家的学习结果;(2)澄清素养概念;(3)收集不同学科专家与社会群体的意见;(4)调查不同国家对素养的看法;(5)论证与意见交流。①

综上所述,核心素养不仅是"共同的"素养,更是关键、必要、重要的素养,对个人发展与社会发展具有核心的价值,是为促进个人发展与社会发展的需要由社会贤达精心挑选的,而且是可学、可教、可评的素养。

三、核心素养的课程角色及其价值

指向核心素养的课程设计要求课程设计者把握核心素养在课程设计中的身份定位,这种身份定位无疑对课程设计具有举足轻重的作用。②

（一）反思当前核心素养的课程角色

尽管核心素养在课程设计中受到广泛的重视,然而纵观当前核心素养的课程角色,还存在诸多问题,透过这些问题的分析有助于我们更好地把握核心素养的课程角色。据笔者观察,在许多国家和地区,核心素养的课程角色尚不完善。从官方公布的相关文献和课程文本看,当前核心素养主要承担如下三种典型课程角色:

第一,仅把核心素养作为教育目的或意图,没有呈现后续课程、教学与评价方面的一致性努力。一些国家、区域性国际组织,尽管非常强调核心素养的重要性,但是仅仅把核心素养作为教育的目的或意图,停留在"培养什么样的人"的理想人格的描述上,没有充分地展示后续的课程标准、评价标准、课堂教学等关键措施,没有很好地体现课程的一致性。研究表明,即便教育发达的欧盟,一些成员国通过学科/领域组织课程,

---

① 邵朝友.经合组织公民关键能力的构建及启示[J].江苏教育研究(A版),2014(1).
② 更详细的内容请参见:崔允漷,邵朝友.试论核心素养的课程意义[J].全球教育展望,2017(10):24—33.

但这些学科/领域并未明确地提出核心素养/跨学科素养,而是通过目的、目标、主题等原则性地加以叙述。① 在这种情况下,作为教育目的的核心素养,事实上成了一种理想的课程蓝图,也易产生通常所说的"两张皮"现象。

第二,只要求核心素养与学科或学习领域建立关联,没有揭示出核心素养与学科内容的内在关系。南澳大利亚州官方规定了五种核心素养,即沟通能力、身份认同、面向未来、独立自主、思考素养,要求一些学科的关键思想和学习结果与之匹配,并依据核心素养指导教学与评价。② 作为政策,如此倡导当然没错。但是这里涉及的许多学理问题需要澄清,特别是核心素养结构是如何形成的,以及课程发展立足于内容还是素养这两种逻辑如何协调等。其实,指向核心素养的课程发展要求从作为学生发展标志的、相对抽象的核心素养,到学科或学习领域层面的素养要求(课程标准),再到教学层面的目标,建构成一个完整的、一致的体系,它是超越学科内容立场的。如果课程发展的立场不改变,还是立足于学科内容,那是无法落实核心素养的培育的。其结果或将核心素养片段化或原子化,或使核心素养成为"随意贴"的标签。

第三,只强调教师在课堂教学层面落实核心素养的目标或指标,没有中间层面的课程标准与评价标准。核心素养当然需要在课堂教学中落实,需要从未来新人的形象,到学科课程标准、评价标准,再到教学层面这样逐级落实下来。任何缺乏这种层级性的"如何培养人"的体系,无法实现"培养什么人"的核心素养的理想。课程重构中心(Center for Curriculum Redesign)主任菲德尔(C. Fadel)认为,推动指向核心素养的教育变革,需要"在系统的层面促进变革,创造一个有活力、全面的和适应性强的框架",即目标、标准、评价、课程、专业发展。③ 因此,指向核心素养的课程变革需要教师的参与,但远不只是教师一方的事,需要整个教育系统甚至整个社会的变革。没有指向核心素养的课程标准,就无法产生相应的评价;没有指向核心素养的评价,教师的教学就不太可能指向核心素养,最终学生获得的也不是核心素养,而是具体的学科知识与技能。

---

① Gordon, J. et al.. Key competences in Europe: Opening doors for lifelong learners across the school curriculum and teacher education [R]. CASE Network Reports, No. 87. ,2009.
② Scarino, A. & Reid, A.. South Australian curriculum, standards and accountability framework [R]. Adelaide, SA: South Australian Department of Education, Training and Employment, 2001: 7.
③ 菲德尔,等.四个维度的教育:学习者迈向成功的必备素养[M].罗德红,译.上海:华东师范大学出版社,2017: 1—2,41,44—45.

上述案例中核心素养的课程角色被错误定位,无法充分地展现其在课程发展中的作用,丧失了核心素养应有的课程意义。究其深层原因,是这三种核心素养的课程角色体现出围绕学科内容发展课程的传统思想,它们只是简单地适应或配合传统上以学科符号、概念、规则、方法、思想、价值观、历史传统等构成的学科内容为中心的课程发展套路。

传统上,学科课程设计始于、止于学科知识内容,课程设计的核心问题在于如何把知识技能的相关内容加以组织。古德森(I. Goodson)富有说服力地指出,学科知识技能的组织是不自然的,它们只是社会建构的结果。在20世纪早期,学科知识技能通常被打包成各门学科,学科只呈现本身的内涵、层次体系、现状、传统。这种指向学科内容的课程设计展现出如下课程设计思想。[1]

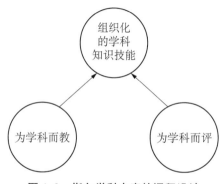

图1.2 指向学科内容的课程设计

随着课程设计的发展,不同学科知识技能内容被打包为学习领域,或者说课程组织开始由学科走向学习领域。在20世纪80年代,以澳大利亚的课程组织为例,这些学习领域混合了学科与相似学科的知识技能,并逐渐建立起相应课程,但这种课程还缺乏充分整合,更多地处于水果拼盘的状态,其教学与评价实质上还是指向学科知识技能本身。[2]

当课程设计以学科知识内容为起点时,所形成的课程大多导致这样结果——为学

---

[1] Goodson, I.. The changing curriculum: Studies in social construction [M]. New York: Peter Lang, 1997:56.
[2] 杨龙立,潘丽珠.统整课程的探讨与设计[M].台北:五南图书出版公司,2001:3.

科或学习领域实施教学或评价,学科或学习领域知识内容成为课程目标指向,这进一步促使学科知识内容的组织成为官方课程辩论的焦点。一些学者认为官方课程拥有太多的学科课程,赞成学习领域的安排;学科专家则秉持学科立场,认为他们的学科没有得到重视。虽然这些辩论观点在学科与学习领域上各有倾向,但是它们都把学科知识内容作为课程设计的起点,并没有撼动基于学科知识内容的课程设计的地位。当围绕学科或学习领域组织的课程涉及核心素养时,还是以学科或学习领域来组织知识内容,上述三种核心素养的课程角色就是典型表现。这难免导致核心素养的边缘化、知识的破碎化、学习的线性化。从学科发展史看,学科核心素养与学科群将成为学科课程发展的动力与趋势所在,学科内容不能在学科课程发展中占据上述不应有的突出位置。①

(二)核心素养的课程角色定位

要落实核心素养,需要打破上述基于学科知识内容的课程设计的局限,要摆正核心素养与学科知识内容的关系,定好核心素养在课程设计中的地位。要摆脱核心素养课程角色被错位的问题,不妨从核心素养内涵的发展来加以澄清。

从历史发展的角度看,人们对核心素养的认识经历了三个发展阶段。在早期,核心素养主要服务于经济目的,因而核心素养在课程设计中被视为一种通用技能。以澳大利亚为例,20世纪80年代的核心素养为适应新形势下经济发展需要而提出,定位于工作场所,被视为提高工作效率以及后续成人教育的通用技能。② 类似的,1979年英国继续教育学院(Further Education Unit)在它的一个重要文件《选择的基础》中,第一次对英国职业教育中的关键技能(core skills)作出了规定。该关键技能共有11项,涵盖内容很广且十分细致,其基本思想主要是将经济需要与社会要求相结合。但在其后的几年中,青年失业问题仍没得到解决,再加上文化与技术发展的速度加快,人们越来越觉得有必要习得一些可受用终生的技能,即核心素养。③ 作为通用能力的核心素养打破了传统学科边界,被看作具有跨学科性质,可通过具体的学科领域对学生加以

---

① 钟启泉.学科教学的发展及其课题:把握"学科素养"的一个视角[J].全球教育展望,2017(1):11—23,46.

② Mayer, E.. Report of the committee to advise the Australian Education Council and Ministers of Vocational Education and Training on employment-related key competencies for post-compulsory education and training [M]. Carlton: Australian Education Council, 1992: 1.

③ 关晶.关键能力在英国职业教育中的演变[J].外国教育研究,2003(1):32—35.

培养。例如,"团队合作能力"就是一项通用能力,学生可在不同情境中习得。但在这一阶段,如何把这些通用技能渗透于各门课程并没有得到足够重视,教师的教学实践还是聚焦于学科为主体的课程,在很大程度上,它们并没有被学生习得。

当核心素养从属于经济发展,教育被视为是经济的隶属品,失去了自身的独立。因此,在20世纪90年代,上述观点招致众多批判,大体可归结为两种观点。第一种观点并不反对核心素养服务于经济目的,但指出定位于经济目的的核心素养的内涵被窄化了,忽略了人文的因素。例如,澳大利亚国家职业教育研究中心的报告指出,核心素养应更具整体性,并视其为发展经济、个人能力、自我驱动的基础。[1] 在这种观点驱动下,许多国家、地区尝试拓展核心素养的内涵,在服务经济目的的同时加大对个人能力与价值的重视程度。第二种观点则强烈认为,定位于经济目的的核心素养严重阻碍了人类自身能力的发展,使得学校成为经济的附庸。持这种观点者试图丰富核心素养的内涵,力图把社会、文化、环境、个人、政治社会等维度纳入核心素养框架。逐渐地,这种观点开始体现在官方课程文本中,例如澳大利亚许多州或地区提出包含各种能力的必备学养(essential learnings)。[2] 就实际情况看,在这一阶段,核心素养成为课程聚焦的内容,成为课程设计的重心,课程设计开始摆脱以学科或学习领域知识内容为中心的模式。此时,学科或学习领域的知识内容发挥了双重作用,一是让学生习得学科或学科领域的知识内容,二是以学科或学科领域知识内容为载体促进核心素养的落实。

通过考察上述两个核心素养的发展阶段,以瑞德(A. Reid)为代表的课程学家指出,这两种核心素养的理解是不充分的,没有考虑核心素养的正义与公平的维度。瑞德认为,在一个正义与公平的社会,人们不仅具有各种权利,还应具备实施这些权利的能力。因此,核心素养应包括知识、技能与态度,它们是促使人们行使权利的基础,其维度内在地指向个人与集体,是人们在工作、社区、国家、个人生活中承担各种角色与行动的关键,教育则是发展核心素养的关键。[3] 在这种观点下,课程设计的起点是赋

---

[1] Kearns, P.. Generic skills for the new economy: Review of research [R]. Leabrook, South Australia: National Centre for Vocational Education Research, 2001.

[2] South Australian Department of Education, Training and Employment. South Australian curriculum, standards and accountability framework [R]. South Australia, 2001.

[3] Reid, A.. Rethinking national curriculum collaboration: Towards an Australian curriculum [R]. Melbourne, Australian: Department of Education and Science and Training, 2005.

予个人生活和参与社会生活的能力,它们是引导教学的指南。这种核心素养基于"教育作为自身目的"的观点,拥有内在的民主意蕴,暗示了所有学生的潜在能力都应得以发展。在一个真正的民主社会,教育目的必须超越经济成果或社会控制,必须真正成为民主社会的根基,让所有学生成其所是,为学习者个体和所有社会成员提供参与行动的共同基础。换言之,教育目的是为了所有的学生,并使其潜能得到最大限度的发展。在这一阶段,核心素养成为课程设计的中心与起点,所有课程共同承担了核心素养的培养,每门课程承担了适合各自课程特征的部分或全部核心素养的要求,而课程所对应的学科或学习领域除了指向自身的课程目标外,还是培育核心素养的载体。

对核心素养认识的发展为核心素养的课程角色提供了逻辑起点,促使课程设计由以学科内容为中心转向以核心素养为中心。最有影响的OECD核心素养也采用了与之相同的逻辑。[①]

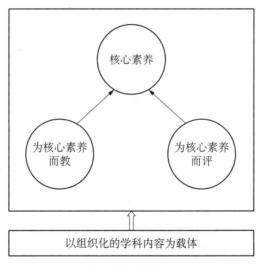

图 1.3 指向核心素养的课程设计

不同于指向知识技能的课程设计,指向核心素养的课程设计以组织化的知识技能为载体,教学与评价的实施指向核心素养。在这种课程设计思路下,核心素养具有如

---

① OECD. The definition and selection of key competencies: Executive summary [R]. Paris: OECD Publishing, 2005.

下多重课程角色：

1. 作为可把握的教育目标实体

核心素养不仅是课程发展的目的或意图设计，还是一种可实现的教育目标。当前众多国家与地区在构建核心素养时都采取实在主义（realism）的取向，即把核心素养作为可把握的实体，各门课程可依托它来设计课程标准，教师再依据课程标准开展教学与评价。① 如果核心素养是不可把握的，那么核心素养就是"上浮"的，难以介入或渗透到各门课程之中。

在很大程度上，这种实体性指向的是一种"问题解决"能力。要使得"问题解决"可评可测，必须给出其操作性定义。以 PISA 2003 为例，它将"问题解决"定义为"个体利用认知能力去处理和解决真实的、跨学科的情境和问题，这时解决方案不是显而易见的，所涉及的内容或学科知识也未必限制于单一学科领域内"。② PISA 2012 将"问题解决"定义为"需要个体进行认知处理，理解并解决那些解决方法不是显而易见的情境问题，包括主动介入这种情境以达成个人作为建设性、善反思公民的潜质的意愿"。③ PISA 2015 则提出了"协作问题解决"，并将其定义为"个体有效介入不少于两个个体同时尝试的通过分享对问题的理解和努力形成一种解决方案的能力，这种解决方案融合了他们共同的知识、技能和努力"。④ PISA 对"问题解决"操作性定义的变化，实际上为课程目标及评价提供了可观察、可测量的内容。

这种实体性并不是固定的，因为核心素养培养纵跨十多年，等学生高中毕业后，或许国际发展的形势与要求已有所变化，到那时现有的核心素养已经跟不上形势。因此，许多国家或地区在研制核心素养时，还采纳了实用主义（pragmatism）。采纳实用主义实质上是从动态的角度看核心素养，所谓目标就是杜威（J. Dewey）所说的暂时性

---

① 崔允漷. 追问"核心素养"[J]. 全球教育展望，2016(5)：5-12,22.
② OECD. PISA 2003 Assessment framework: Mathematics, reading, science and problem solving knowledge and skill [M]. Paris: OECD Publishing, 2004.
③ OECD. PISA 2012 assessment and analytical framework: Mathematics, reading, science, problem solving and financial literacy [M]. Paris: OECD Publishing, 2013.
④ OECD. PISA 2015 draft collaborative problem solving framework [EB/OL]. [2016-03-09]. http://www.oecd.org/pisa/pisaproducts/pisa2015draftframeworks.htm.

权宜目标(end-in-view),①那么过了十多年,随着形势变化,目标自然可以因势而变。

2. 作为设计课程目标的来源

在某种程度上,核心素养是种通用能力,或者说跨学科能力,培育学生的核心素养离不开具体的学科课程或综合课程,因而核心素养必然成为这些课程设置目标的来源。一些国家或地区把核心素养分解至不同教育阶段,以便为之提供相应的目标要求,并据此在每个阶段发展课程。例如,我国台湾地区就在小学教育、初中教育、高级中等学校教育三个阶段设定了不同的核心素养要求,各领域/学科都可依其独特性、理念与目标,结合自身所处阶段的核心素养发展出相应的"领域/学科核心素养"。因此,核心素养可以促成各学习领域学科课程发展的统整性与连贯性,进而建构各教育阶段课程的连贯体系。② 这种来源从逻辑上讲,存在如下三种关系:第一,分离关系,即通常所说的"两张皮",或者说核心素养是上浮的,高高挂起,但未落下。第二,交集关系,即核心素养与课程目标存在着部分交集。第三,包含关系,其中又有两种情况,如果核心素养过于抽象,那么核心素养包含了课程目标;相反,如果核心素养过于具体,停留在知识、技能或一般能力层面,课程目标就有可能包含或等同核心素养。从课程目标的系统建构来说,核心素养与课程目标的外延应该是相当的,只是在抽象程度上不一样,核心素养相对抽象,而课程目标是用学科的话语陈述核心素养,故相对具体一些。就一门课程而言,核心素养与该门课程目标在逻辑上存在两种对应关系:全部对应和部分对应,如图 1.4 所示。

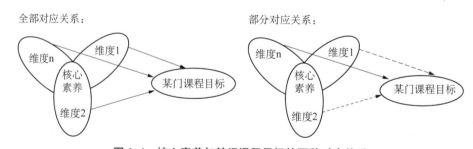

图 1.4 核心素养与某门课程目标的两种对应关系

---

① 杜威.杜威五大讲演[M].胡适,译.台北:仙人掌出版社,1988:234.
② 黄光雄,蔡清田.核心素养:课程发展与设计新论[J].上海:华东师范大学出版社,2017:6.

在此有两点需要指出：一是，核心素养各个维度不能作过多的分解，它们需要整体地被课程设计者和实施者所理解，以避免产生零碎的目标或结果。就实际而言，不同学年或学期对核心素养某个维度的描述会有所差异，但这种差异乃基于该核心素养维度内容的不断复杂化，而不是分解它之后通过教学得到的累加结果的差异；二是，图1.4更多是从一门学科课程的角度来考虑其与核心素养的关系，实质上除了通过学科内整合来落实核心素养，还可以通过不同学科之间的整合甚至超越学科边界来落实核心素养。

3. 作为内容处理与教学实施的GPS

确定课程目标之后，接下来的课程发展环节就是选择与组织课程内容，并把教学方案付诸实践。这里的"课程内容"通常就是指学科知识、技能与态度等。选择什么样的知识、技能与态度，如何组织这些内容以促进学生的学习，在这一过程中，核心素养就如同GPS（全球定位系统），不断监测着教学进程的方向。因此，学科内容中的知识与技能，既不是课程发展的起点，也不是终点。而作为课程发展的起点或终点，核心素养把持了知识与技能能否进入课程现场的"入口关"，监控知识与技能的作用方向，确保其育人功能的实现即核心素养的养成。

当然，在这一过程中，知识与技能发挥着核心素养培育载体的功能，而核心素养的养成又推动了知识与技能的落实，在很大程度上特定的知识与技能的习得也是核心素养在某种程度或水平上的具体体现。可以说，核心素养和学科知识与技能既各自扮演不同角色，又形成互为手段—目的的复杂关系。

4. 作为学习质量评价的参照

学生学习质量是课程实施质量的最终体现。传统上，评价基本上被用于判断学生到底掌握了多少学科内容，而指向核心素养课程发展要求评价还应聚焦于学生在多大程度上掌握了一种或几种核心素养。

显然，这将会改变评价类型和形式的选择，也是推进指向核心素养的课程变革的最大挑战。与此同时，面向学生、家长或监护人的学业成就报告也将随之发生变化。报告将不仅聚焦于学科或学习领域，而且还需要描述出核心素养的发展情况。这些都可以通过学生档案袋评价等质性的评价方式进行，从而展示学生在正式与非正式学习情境下的核心素养发展情况。

（三）核心素养的课程意义

上述核心素养的课程角色的定位，意味着课程设计的巨大转变，从根本上解决了长期困扰课程领域的众多问题。

1. 建构育人的课程话语

在课程目标层面，最突出的问题是作为理想的教育目的被"高高挂起"，一到课程教学层面就成了"轻轻放下"，知识与技能目标横行天下。其原因主要是没有形成以核心素养为统率的目标体系。核心素养更具有内在性和终极性的意义。核心素养完全属于人，是人内在的秉性；核心素养使人成其为人，决定人的发展方向。教育的终极任务就是提升人的素养。核心素养让我们真正从人的角度来思考教育、定位教育，从而更深刻地体现出以人为本的思想。这些价值并非空中楼阁，而是依托于实实在在的课程行动。以学科课程为例，学科核心素养的构建源于核心素养，它既是一门学科对人的核心素养发展的独特贡献和作用，又是一门学科独特教育价值在学生身上的体现和落实。通过厘清学科核心素养的内涵，清晰地界定和描述该学科对人的发展的价值和意义，体现该学科对学生成长的独特贡献，从而使学科教育真正回到服务于人的发展的方向和轨道上来。对于个体而言，学科核心素养是为了满足学生今后学习、工作和生活的需要；对于社会而言，学科核心素养是为了满足社会健康发展和持续进步的需要。正是所有这些包括学科在内的各种课程，"使人视野开阔、兴趣广泛；使人产生对知识和真理的渴望，并且能够形成一种崭新的思维方法，最终成为一个文明的人，有教养的人，有健全人格的人"[1]。从核心素养到学科核心素养、课程标准，再到单元或课时目标，构成了完整的课程目标层级体系，形成课程育人的一致性的专业话语。

2. 打破学科等级化的困境

正如康奈尔（R. W. Connell）所言，传统课程是竞争型学术课程，有着最为刚性的特征，常被大学用于选拔学生。而非学术课程遭到排挤、被边缘化，被认为该由"学习成绩差"的学生去学习。[2] 为了追求教育的平等与公正，一直以来，课程设计者极力主张所有学科课程都应得到平等对待，却一直未能达成目标。事实上，各学科代理人或

---

[1] 王开东. 教育，病在何处？——反思"人的教育"与"培养人才"[J]. 河南教育，2011(10)：32—33.
[2] Connell, R. W.. Social change and curriculum futures [J]. Change: Transformations in Education, 1998(1)：84-90.

守护者各不相让,学科之争势如水火。有些学科高高在上,趾高气扬,总是处于教育的中心地带;有些学科却被认为可有可无,任人摆布,只求保底。如果课程发展的立场从学科内容走向核心素养,课程的逻辑起点是人的素养,课程设计、教学与评价都围绕人的核心素养的养成而展开,学科内容不是目的,而是培育核心素养的载体或手段,育人才是目的,那么,学科的壁垒才有可能被打破,学科的等级也才有望被铲平。因此,基于核心素养的课程发展是消解学科课程等级化现象的利器。它让人们清楚地认识到,学科或学习领域本身并无优劣、等级之分,只是在核心素养培育中承担了不同的角色或发挥了不同功能。

3. 消解分科与整合的课程对立

指向核心素养的课程发展不仅能打破学科间的等级关系,还能消解分科与整合的对立。分科课程相对传统,依据比较成熟的学科知识来组织;整合课程则相反,其逻辑起点不是学科知识,而是基于儿童认知发展水平或社会对儿童发展的要求而选择的问题、主题或议题来组织的,它会以跨学科课程或超学科课程的形态出现。长期以来,分科课程与整合课程之间存在对立现象,其根源在于课程发展的逻辑起点之争。如果课程发展的逻辑起点是各个学科的知识体系,那么一定会产生出分科课程;反之,如果课程发展的逻辑起点是儿童发展或社会需求,那么必然会产生出跨学科或超学科的课程。指向核心素养的课程发展倡导首先建构核心素养的共识,然后依据此核心素养框架选择并组织经验,最后评估此核心素养有无养成或养成的程度。分科与整合本身并不重要,重要的是哪一种课程组织方式更有利于核心素养的养成。有些核心素养可能分科教学更好,而有些核心素养需要以整合的方式来落实,还有一些核心素养也许需要综合运用分科与整合的形式。分科与整合只是培育核心素养的手段,如果课程发展立足于核心素养,那么分科与整合的对立将会失去意义。

4. 提供更具教育性的问责

当前教育问责日益受到批判的一个重要原因在于,这些问责是基于学科知识与技能的获得,而不是基于养成核心素养这一育人目标的实现。学科知识与技能的获得并不能代表育人目标的实现或核心素养的养成。例如,交通规则考试分数很高,移库技术很好,并不代表某人会开车(能力)。即使路考(能力)通过了,也并不等于某人已经有了驾驶素养,如安全驾驶(关键能力)、礼貌行车(必备品格)、尊重生命(价值观念)

等。因此教育问责不能停留在知识与技能的获得，否则，该问责本身就不具备教育性，也缺乏专业性。即便有些问责已经关注到能力的获得，其实也不一定具有教育性，因为有些动物经过一定的训练，也能获得某些知识与技能，甚至能力。基于核心素养的评价则超越单纯的知识与技能，甚至一般的能力，而是考察被试育人目标的实现程度。如果以此来对当事人进行问责，那么问责的过程与结果就具有教育意义，也能体现专业性。当然，指向核心素养的教育问责在学理上还需要大量的研究，在实践上也需要不断的探索。

5. 推动课程领域的专业对话

基于学科内容的课程发展容易将书面课程权威化，把书面课程视为一种年复一年地再生产和实施的东西。在这种视角下，书面课程成为固定、僵化的既成事实，教师被视为技术执行者，而不是富有想象力的思考者。其后果是关于课程的专业对话极其有限，教师与学生极易失声。相反，指向核心素养的课程发展要求教师基于核心素养、指向核心素养，结合具体的情境与需要，重建书面课程，并把它视为课程探索的起点，邀请教师在两个层面参与课程对话：在更为宽泛的系统层面，对话核心素养的本质，明确指向核心素养的目标要求；在教学现场层面，对话学生认知逻辑和教学逻辑，探索如何通过学科知识内容的教学培育学生必备的核心素养。在这一点上，核心素养激活了专业对话，成为对话的焦点，书面课程可为对话过程提供动态发展的资源。

核心素养的课程角色为我们描绘了一幅美好愿景，这种课程角色价值的实现，涉及教育体系的变革，需要人们改变教育观念，提升教师专业素养，形成新型的课程文化。这一过程中，发展教师课程设计素养是当前广大一线教师亟待解决的课题，在这方面逆向课程设计可为我们提供一定的指导与借鉴。

第二章

适合于核心素养的逆向课程设计

课程承载着培养目标,课程设计则是落实培养目标的设想,没有优质的课程设计,再美好的课程愿景只能成为一纸空文。同样,核心素养的落实也需要高质量的课程设计。课程理论发展至今,诞生了各种各样的课程设计,原则上它们都可以承担起落实核心素养的任务。本章在阐述逆向课程设计概貌的基础上,结合第一章内容,试图回答逆向课程设计与核心素养有何内在关联,指向核心素养的逆向课程设计具备哪些基本特征等问题,为运用逆向课程设计落实核心素养提供理性辩护与学理基础。

一、逆向课程设计概述

逆向设计(Back-down Design)是一种盛行于北美大陆的课程设计思路。美国学者威金斯(G. Wiggins)与麦格泰(J. McTighe)是逆向课程设计的集大成者,其作品《追求理解的教学设计》(*Understanding by Design*)得到了广泛的认可与应用。该书开篇即说,逆向设计对于课程设计具有重大价值,能为教学提供全面而丰富的理论与实践框架。[①] 那么,为何逆向课程设计? 逆向课程设计为何? 如何逆向课程设计?

(一)为何逆向课程设计

在中文语境下,"设计"与"安排"、"设立"、"设法"、"筹划"、"假设"等同义,意为在正式做某项工作之前,根据一定目的要求,预先制定方法、图样或方案。[②] 一般说来,可把设计理解为通过某种形式传达出计划、规划、设想的活动过程。在英文中,作为动词的设计(design)被释义为有目的和期望、计划和执行[③],其含义和中文的含义相近。

[①] [美]Grant Wiggins, Jay McTighe. 追求理解的教学设计(第二版)[M]. 闫寒冰,宋雪莲,赖平,译. 上海:华东师范大学出版社,2017:1. 本书同时参考了该书的繁体中文版——《重理解的课程设计》(赖丽珍译,台北心理出版社 2008 年版)。

[②] 中国社会科学馆语言研究所词典编辑室. 现代汉语词典(第六版)[M]. 北京:商务印书馆,2014:1147.

[③] [美]Grant Wiggins, Jay McTighe. 追求理解的教学设计(第二版)[M]. 闫寒冰,宋雪莲,赖平,译. 上海:华东师范大学出版社,2017:13.

像其他领域一样，教育领域也需要设计，设计者必须关注服务对象——确切地说，学生是教育服务的"顾客"。为达到特定的课程教学目标，教师需要创造课程教学目标和教学经验，为判断课程教学目标是否得以实现，教师需要设计学习评价以诊断学生学习需要来引导教学，而课程方案就是体现这些最为基本的课程设计要求的设计结果。因此，课程教学目标可作为课程设计的开始。换言之，课程设计要先思考结果，而不是内容或方法。然而，不少教师还是更关注教学输入，从活动或内容开始设计课程，甚至为"活动"而"活动"，忘记了依据期望的学习结果——教学输出来设计课程。关注活动的教师，较少考虑这些活动背后的意义，因此不管这些活动多么有趣好玩，它们并不能增进学生的知识或智慧。关注内容的教师，经常按教科书内容次序来"教教材"，而不知如何"用教材教"。概言之，这些关注教学输入的教师往往喜欢把焦点放在教学而不是学习上，他们花费大量时间思考要做些什么、要使用什么教材、要求学生做什么，而不是先思考学生需要什么才能达成学习目标。在某种程度上，由于这种活动本位或内容本位的课程设计没有聚焦于学习结果，没有体现"设计"的应有之义，更像是呈现了某种模糊"希望"，从而导致学生无法知晓努力的方向，很难发生深层次的学习。这也常常导致教师无法掌控课程实施的结果。如果课堂教学中教师不能把握学生的学习情况，而总是借助于课后练习或其他事后的行为来明确，那么每节课的质量自然无法得到保障。

因此，课程设计思路需要发生改变，从活动或内容开始转向从目标开始，即从学习结果来倒推进行"逆向设计"。这种聚焦于期望的学习结果的观点，几乎一点也不激进，一点也不新颖。泰勒(R. W. Tyler)早在六十多年前就简明地描述过逆向设计的逻辑："教育目标成为标准，藉此标准，我们选择教材、组织课程内容、发展教学秩序，以及准备测验与评价……陈述目标的目的在于指明，我们应该使学生发生什么样的改变，以利于教学活动的设计和发展在某种程度上有可能达到这些目标。"[①]1945年，波利亚(Polya)在其著作《如何解决问题》(*How to Solve it*)中也提及，逆向设计的问题解决策略可以追溯至古希腊时代："转向的思考、远离目标的思考、逆向的思考……有某

---

① Tyler，R. W.．Basic principles of curriculum and instruction [M]．Chicago：University of Chicago Press，1949：1,45.

种心理上的难度。但是,我们不必成为天才才能以逆向方式解决具体问题:任何人都可以用常识来解决问题。我们专注于期望的目的上,想像自己想要的最佳情况,然后问自己:如何通过倒推的方式来达到目的?"①

这种目标先行的想法在社会各行业中也极其普遍。如在企业界知识管理领域就非常流行"如果不能衡量就不能管理,如果不能描述就不能衡量"说法,言下之意是要进行知识管理,就必须首先明确知识管理的目标。换言之,要衡量知识管理,首先是要提取衡量指标,这些指标就是预定的目标,或者说就是想要得到的结果。一般说来,知识管理的衡量包括衡量行为结果和衡量行为过程。衡量行为结果也就是考察是否达成想要的结果;衡量行为过程则是考察知识管理相关流程的执行情况。无论衡量结果还是过程都必须有所参照。衡量行为结果要求企业事先制订可行的具体目标,即明确想要得到的结果,并依此加以考察。衡量过程要求企业提取过程中的一个目标,它是每个环节要实现的一个结果,每个环节的进展都受某个特定结果的驱动。当企业建立了一套清晰明确的,具有因果逻辑关系的目标体系,其实也就是告诉了员工需要达到的结果,这样企业的知识管理才能够在各个层级得到很好的贯彻落实,并且不断地向着预定的结果方向前进。

(二)逆向课程设计为何

逆向设计总是指向一定的课程目标,这种课程目标指向复杂高阶的学习目标。例如在《重理解的课程设计》(第二版)一书中,威金斯与麦格泰试图通过逆向设计来落实"理解"(Understanding)。这里的"理解"指的是期望的学习结果、学业成就目标或实作表现标准(performance standards)。这些术语关注于输出,而不是输入,它们提醒了我们就学习结果或表现而言,学生在离开学校前应该知道的、应该表现的、应该理解的知能。

那么,何谓"理解"? 与通俗意义上的认知动词不同,两位学者直接指出,"理解"就是在情境中明智地、有效地使用——迁移——我们的知能;将知识和技能有效地应用于真实的任务和情境;已经理解,意味着我们能够迁移所知,会有流畅的表现,不纯然

---

① Polya, G.. How to solve it: A new aspect of mathematical method [M]. Princeton, NJ: Princeton University Press, 1945: 230.

是根据回忆而来的僵硬、公式化的领会。① 从习得过程看,这样的理解通常是费力得到的洞见。从应用的结果看,这样的理解即有意义的推论、可迁移的能力。具体说来,"理解"可分为六个层面②:(1)恰如其分地运用理论和图示,有见地、合理地说明事件、行动和观点;(2)阐明:演绎、解说和转述,从而提供某种意义;(3)应用:在新的、不同的、现实的情境中有效地使用知识;(4)洞察:批判性、富有洞见的观点;(5)神入:感受到别人的情感和世界观的能力;(6)自知:知道自己无知的智慧,知道自己的思维模式与行为方式是如何促进或妨碍了认知。

这六个层面的理解涉及认知与元认知、动作、情意等目标领域,指向高阶的学习目标。一旦学生达成了理解,他们就能解决复杂的情境性问题。

同样,德雷克(S. M. Drake)的《创设基于标准的统整课程》(*Creating Standards-based Integrated Curriculum*)也以逆向设计来规划课程。该课程注重学生知道什么(Know)、能做什么(Do)、成为什么(Be),强调复杂高阶的课程目标,涉及了大观念(Big Ideas)、大理解(Big Understandings)、大技能(Big Skills)。③ 这些课程目标是整合性目标,要求学生解决实际问题,开展团队合作。

(三)如何逆向课程设计

逆向设计不仅代表一种思维方式,也具有明确的操作路径。站在课程的角度看,课程设计总归涉及目标、内容、实施、评价,那么设计课程时这些要素之间有着怎样的先后次序?按逆向设计思路④,课程方案设计可按下述三个阶段进行(见图2.1)。具体而言,该流程始于学习目标,也就是说我们应基于现场教学需要确定学生要学会什么;接着我们应思考需要哪些证据来证明学生已经学会了;然后我们应设法把各种学习内容和其他教学资源加以整合,设计出各种学习活动或教学活动。简言之,逆向设计要求我们思考:期望到哪里去?怎么知道到了那里?如何更好地到那里?

---

① [美]Grant Wiggins, Jay McTighe. 重理解的课程设计[M]. 赖丽珍,译. 台北:心理出版社,2008:xxi.
② [美]Grant Wiggins, Jay McTighe. 追求理解的教学设计(第二版)[M]. 闫寒冰,宋雪莲,赖平,译. 上海:华东师范大学出版社,2017:95—101.
③ Drake, S. M.. Creating standards-based integrated curriculum: Aligning curriculum, content, assessment, and instruction [M]. Thousand Oake, CA: Crowin Press, 2007.
④ [美]Grant Wiggins, Jay McTighe. 重理解的课程设计(第二版)[M]. 赖丽珍,译. 台北:心理出版社,2008:7.

图 2.1　逆向课程设计流程

这样的设计流程受目标驱动,目标一以贯之地渗透于各个环节。这其实并不神秘,想想我们熟悉的几何证明题就很容易明白。有时候当我们不能顺利地从已知条件推理到所要证明的结论时,往往会尝试从结论倒推至已知条件。这里的结论就类似于目标,已知条件类似于为实现目标进行的各种学习活动,推理过程则类似于我们的设计过程。两者之间有几点略显不同:一是几何证明题的逆向求证过程往往表现得比较结构化,而课程方案设计过程一般显得更为劣构化;二是几何题一旦得到证明就意味着解谜活动的结束,顶多有时回顾一下解题过程是否严密,而课程方案设计要求在设计学习活动之前先开展评价设计,以便了解目标是否得到落实。

为便于更好地理解上述流程,不妨先来观察一个由威金斯与麦格泰提供的应用逆向设计的课程方案范例。表 2.1[①] 的三个阶段内容具体地解释了图 2.1 中三个阶段的内涵。

表 2.1　逆向课程设计的范例(节选)

阶段一:期望的学习结果
既有的学习目标(Established Goals): 这项课程设计工作处理哪些相关的目标(如学科课程标准、科目或课程目标、学习结果)
理解(Understandings):　　　　　　　　　**主要问题(Essential Questions):** 学生将会理解……　　　　　　　　　　　　哪些启发性的问题可以增进探究、增进理解、 1. 哪些是大观念?　　　　　　　　　　　　增进学习迁移? 2. 期望学生理解的是哪些具体的大观念? 3. 哪些错误概念是可以预测到的?
学生将知道……(Student will know...)　　**学生将能够……(Student will be able to...)** 通过本单元的学习,学生将知道些什么,能做什么? ……

---

① [美]Grant Wiggins, Jay McTighe. 重理解的课程设计[M]. 赖丽珍,译. 台北:心理出版社,2008:14. 引用时有适当修改。

续表

阶段二：评价结果的证据	
表现性任务（Performance Tasks）： 1. 学生将通过哪些真实的实作任务来表现期望的学习结果？ 2. 理解能力的实作表现会以哪些标准来判断？	**其他证据（Other Evidences）**： 1. 学生将通过哪些其他的证据（如随堂测验、正式测验、开放式问答题、观察报告、家庭作业、日志等）来表现达成期望的学习结果？ 2. 学生将如何反思及自我评价其学习？
阶段三：学习计划	
学习活动（Learning Activities）： 哪些学习活动和教学活动能使学生达到期望的学习结果？ ……	

在阶段一，我们需要了解教学目标，审视官方公布的课程标准或者校本课程的目标，明确课程实施的期望，思考：什么是学生应该知道、理解、有能力做到的？什么样的学习内容值得理解？我们期望学生掌握哪些大观念？这些问题实际上指向单元/模块较高层次的学习目标，即从既有的学习目标（如内容标准）出发，从中获取学生必须理解的相关大观念（如科学中的"系统"），设置理解这些大观念所需的主要问题，明晰学生在这些大观念上的应知和所能。阶段二要求我们回答：怎么知道学生理解了，或者说，理解的证据何在？其实质是要求先于学习活动设计评价活动。考虑到学习目标指向"理解"类高阶学习结果，为了充分地展开评价，发挥其教育性，往往需要设计表现性任务或其他评价任务来收集评价学习效果的证据。阶段三要求教师结合前述两个阶段内容，设计出有利于学生习得学习目标的教与学活动。这份表格简洁地呈现了单元/模块课程设计的方法，其功能是指引课程设计。教师可回答问题完成该表格，并将其用于自我评价、同济评价，以及与他人分享完成的单元课程设计。

相比表2.1设计思路，德雷克更加淋漓尽致地体现三个阶段设计思路。在图2.2[①]中，KDB（Know，Do，Be）为课程目标，相当于表2.1阶段一中的单元目标，分别对应于大观念（Big Idea）、大理解（Big Understandings）、大技能（Big Skills），以及态度（Attitudes）、信仰（Beliefs）、责任担当（Actions）。大的统整性评价任务（Big Integrated

---

① Drake, S. M.. Creating standards-based integrated curriculum: Aligning curriculum, content, assessment, and instruction. [M]. Thousand Oake, CA: Crowin Press, 2007: 35.

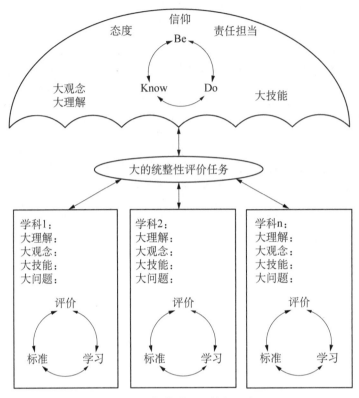

图 2.2 多学科课程整合思路

Assessment Task)相当于阶段二的评价设计。图 2.2 中三列方框总体上相当于阶段三,表示组织每门学科的教与学活动。而每门学科内部需要完成的课程设计也应采取逆向设计,学科的大观念、大理解、大技能、大问题相当于阶段一,阶段二主要设计评价活动,阶段三则是学习活动设计。如果整合力度足够大,整合时将打破平行学科的界限,自由组合各门学科的课程标准,通过相应的大观念、大理解、大技能、大问题(Big Questions,相当于主要问题)将教与学活动组织起来(见图 2.3)。

在德雷克看来,像图 2.3[①]这样由若干平行学科构成的课程,虽然它们之间有着共同主题,但是课程处于"水果拼盘"状态,并不是真正的整合课程,因为水果拼盘式课

---

① Drake, S. M.. Creating standards-based integrated curriculum: Aligning curriculum, content, assessment, and instruction.[M]. Thousand Oake, CA: Crowin Press, 2007: 34.

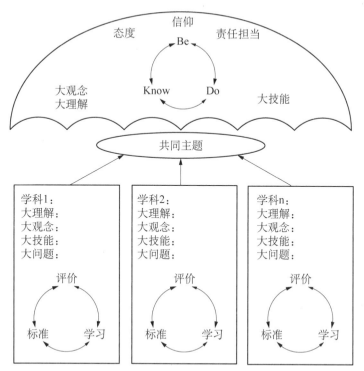

图 2.3 平行学科之间的课程"整合"思路

程没有设计出整合各门课程目标的共同的评价任务。

需要指出的是,上述三例只是为了举例说明逆向课程设计的基本思路,实践中可以有许多不同的表现形式,不应该也不能对逆向课程设计加以固化。实际上,我们将在本书后续章节看到,指向核心素养的逆向课程设计有着丰富的表现形式。例如,课程方案可以指向学期/学年层面,也可以指向单元/模块;对应的课程可以为国家课程,也可以为校本课程。

二、逆向课程设计与核心素养的内在联结

作为一种课程设计思路与方法,逆向课程设计原则上可适用于所有学习目标。如果深入地分析,可以发现逆向课程设计非常适合落实核心素养。

（一）学习目标方面的联结

逆向课程设计注重"理解"，这些"理解"来自各门学科的既有学习目标，如国家学科内容标准，逆向设计可从中提取大观念。如学习目标"通过理解数学的概念，以及数学和数学模式在其他学科、日常生活所扮演的角色，所有学生能够把数学与其他学科的学习相联结"，可从中提取出相应的大观念"数学模式"，正是理解与运用"数学模式"的学习要求构成了逆向设计的学习目标。那么，大观念及其学习要求与核心素养到底有何关联？为回答这个问题，我们有必要先来审视下大观念的内涵。

从现有文献看，关于大观念的理解存在两大阵营。一方以威金斯和麦格泰为代表。在他们看来，好比车毂是使得车轮维持在车轴固定位置的装置，所谓大观念是指学科中那些关键的思想或看法，它们居于学科的中心，以"凝结核"的方式联结了其他知识点，使得课程更为聚焦连贯。因此，像车毂般的关键思想或看法对理解很重要，若不能掌握这些思想或看法，并利用它们来聚合相关的内容知识，留下的只有无法带领我们前进的零碎枯燥的事实信息。他们进一步指出，大观念可以归纳为：（1）是一种有焦点的观念"透镜"，透视任何要学习的内容；（2）通过联结及组织许多事实信息、技能、经验，来提供意义的广度，以作为理解之关键；（3）需要"超越内容"的教学，因为单纯的内容教学对学习者而言其意义或价值极不明显，而且反直觉或易造成错误理解；（4）有很大的学习迁移价值，在一段时间之内可应用到许多其他的探究主题或问题上，包括课程内或学校以外生活的水平迁移和垂直迁移（本学科的后续学习）。[①]

另一方以哈伦（W. Harlen）等人为代表。他们认为，我们运用的"观念"（idea）这个术语表示对所观察到的相互关系或特性进行解释后的抽象，它和我们日常运用的概念是不同的。日常概念是不需要基于实证的某种想法，而大观念是适用于一定范围的物体和现象的概念；与此相对应，我们将只运用于特定观察和实验的概念称为小概念。例如，蚯蚓能很好地适应在泥土中生活，这是一个小概念；生物体需要经过很长时间的进化形成在特定条件下的功能，这是与其相对的大观念。[②] 同时，他们还指出，大观念

---

① ［美］Grant Wiggins, Jay McTighe. 重理解的课程设计[M]. 赖丽珍，译. 台北：心理出版社, 2011：71.
② 温·哈伦，等. 科学教育的原则和大概念[M]. 韦钰，译. 北京：科学普及出版社, 2011：9.

就是"能够用于解释和预测较大范围自然界现象的概念"。① 然而,概念大小是不同的,中等大小的概念可以连接到较大的概念,而较大的概念可以连接到更大一些的概念,即包含范围更大的概念。以此类推,只要能分解出更小概念的概念,都可以称之为大观念,因此大观念只是一个相对的概念。不仅如此,哈伦等人还进一步提出了大观念应该具备的标准②:能够用于解释众多的物体、事件和现象,学生在毕业以后的生活中会遇到它们;帮助学生理解所遇问题并做出决策,而这些决策事关学生自己的他人的福祉,事关环境和能源的使用;当人们提出自身与环境问题并试图加以回答时,大观念能增加他们的愉快和满意;具有文化上的意义。基于上述的理解,哈伦等人进一步提出大观念的发展问题。大观念的发展是有序的:从小的起始的概念出发,接着发展到较大的、能够包含较广泛经验的概念,再前进到能够理解自然界物体、现象和相互联系的,更为概括、更为抽象的概念。传统上,对这一概念发展模型的解释有三种:一是爬梯登高型,即通常所说的概念之间是纵向递进、不断深入的。二是拼图拓展型,即概念学习是横向拓展的,如拼图游戏。三是马拉松训练型,即概念学习是螺旋式上升的,先学习一段,然后再学习全程。哈伦等人根据学习科学的原理,提出了一种新的概念发展模型——树状生长型,即任何人,不管是课堂内还是在课外,学习新概念都是"从已有的概念出发",将原有概念与新经验联结,当它能不断地解释新经验时,概念就不断地"长大"了。通过这些过程,"不仅使可以理解的概念和现象的数量上发生变化,在理解概念的深度上也会发生质的变化"③。能够广泛应用的概念即大观念一定是脱离具体内容的。例如解释物体沉浮原因的概念可以适用于所有的物体和所有的液体。从为什么特定的物体能够在水中漂浮起来的想法,进展到有关沉浮的大观念是很大的一步,需要了解在完全不同的情况下发生的不同模式。

由此可见,尽管威金斯和麦格泰与哈伦等人都运用大观念来解决现实中的课程问题,但两大阵营的贡献还是存在一定的差异。哈伦等人主要探讨中观层面的课程问题,他们的大观念主要是基于概念本身从具体到抽象、从细节到整体的逻辑建构的,形

---

① 温·哈伦,等.科学教育的原则和大概念[M].韦钰,译.北京:科学普及出版社,2011:18.
② 同上,p.20,引用时有适当修改.
③ 同上,p.29.

成了自成一体的科学教育知识或观念体系①,并为之架构起一门课程的目标体系。而威金斯等人的探讨主要是在微观层面,即在基于课程标准的前提下,用大观念的方法探讨单元或主题教学的设计。就大观念本身而言,前者比较严密,后者相对松散,前者的贡献在建构课程目标体系,后者的贡献在有了课程目标后如何加以落实。② 本书主要借鉴威金斯和麦格泰的大观念,但有所不同的是,本书认为没有课程标准的背景下,可在确定课程目标后用大观念思想设计课程方案。

每门学科都有自己的大观念,它们具有:(1)永恒性——学科内容的大观念将永远存在。例如冲突这一大观念,它现在存在,将来也会一直存在,随时间变化的只是具体事例。对于不断转换、拓展、逐渐复杂化的内容知识,大观念能够很好地对其进行组织,原因之一是它具有永恒性。(2)普遍性——全世界的大观念都是相同的。不同文化之间具体事例可能有所区别,但大观念是具有普遍性的。在一个多元文化的社会中,具备运用跨文化事例来理解概念的能力将是很有帮助的。(3)抽象性——为了包容各种各样的事例,大观念自然具有各种例子的共同特征。(4)有多种表现方式,概念未必就是大观念,它可以是大观念,也可以不是。实际上,大观念具有丰富的表现形式——以一个词或两个词(如平等)、主题(如善良战胜邪恶)、持续的论辩和观点(如保守对自由)、自相矛盾之说(如离家以找寻自我)、理论(如进化论)、背后的假定(如市场机制是理性的)、理解或原理(如形式决定功能)、一再出现的问题(如我们能进行有效证明吗?)。③ 这些大观念一旦被学生所把握,即被用于各种情境,形成学生必须达成的目标。当学生思考从主题中引出的可迁移观念和问题时,大观念使得思维超越了事实和活动,达到更高的层次。哈伦等人认为,科学教育具有多方面的目标,科学教育应该致力于理解一些科学上有关的大观念,包括科学观念以及关于科学本身和科学在社会中所起作用的观念……。④ 明确提出这两类观念就是科学教育目标,不管学生是否进一步学习科学,这些观念对于他们理解所观察到的自然界以及依据科学知识参与那

---

① 从这个意义上说,用大概念指称大观念也是可以的,但就中小学课程而言,这种建构方式的局限性不大适合人文社会学科。相关信息参考:崔允漷.大观念及其课程意义[J].上海课程教学研究,2015(10):3—8.
② 修改自:崔允漷.大观念及其课程意义[J].上海课程教学研究,2015(10):3—8.
③ [美]Grant Wiggins, Jay McTighe.重理解的课程设计[M].赖丽珍,译.台北:心理出版社,2011:7.
④ 温·哈伦,等.科学教育的原则和大概念[M].韦钰,译.北京:科学普及出版社,2011:8.

些影响自己和他人生活质量问题的决策,都是必要的。①

从行动角度看,大观念是种思想或看法;从实践角度看,观念或概念并非用语言来表达的定义,应专注于观念或概念的使用。我们对世界的观念或概念性把握,并不只是表现为我们能构造正确的关于世界的命题,在根本意义上,它体现在某些形式之中。假如某人自称掌握了一个观念或概念,他必须被认为是一个有能力实施内含该观念或概念的某些既定行动的人。② 不言而喻,在学科构成中大观念代表了学科核心观念,大观念以及在应用大观念解决问题上的表现,体现了学科课程目标的要求。考虑到当今学科核心素养代表了学科课程目标,因此大观念的学习要求,或者说大观念的理解与应用,直接或间接体现了学科核心素养的要求。这启示我们,可用学生对大观念的理解和应用作为学科核心素养的一种表达。当然,这里需要思考的是,除了从内容标准获得大观念,核心素养与学科核心素养是不是也是产生大观念的一个重要来源?就实际情况看,尽管我们有时可以从核心素养与学科核心素养中确定一些大观念,例如数学上大家比较公认的关键素养"数学建模"中的"数学模型"就是一种大观念,又如核心素养"科学精神"中的"批判意识"也是一种大观念,但如果站在学科角度看,大观念主要还是来自内容标准。因立足于教学,本书论及的大观念主要来自传统意义上课程中的内容标准和/或确定的由学校与教师设定的课程目标。

核心素养的落实需要借助各门学科,因此学科核心素养集中体现核心素养的要求。换言之,核心素养体现于应用含有大观念的学科核心素养,而不是破碎化的学科知识技能,而学科知识技能是实现学科核心素养的载体。例如中国学生发展核心素养"科学精神""主要是个体在学习、理解、运用科学知识和技能等方面表现的价值标准、思维方式和行为规范",要在高中阶段落实"科学精神"的要求,我们可借助高中物理、化学等学科。如高中物理学科核心素养"科学探究、科学思维、科学态度与责任",三者所包含的科学质疑、科学推理、科学本质、科学态度、科学责任等大观念对应于"科学精神"要求的价值标准、思维方式和行为规范。大观念有助于学习超越特定的情境,应用于各种具体情境中,走出行为主义学习理论下知识破碎化、学习目标原子化的困境,应

---

① 崔允漷.大观念及其课程意义[J].上海课程教学研究,2015(10):3—8.
② 郁振华.人类知识的默会维度[M].北京:北京大学出版社,2012:38.

用大观念解决问题的表现实质上就是一种统领性素养。当然,落实核心素养最终需要以学科知识技能为载体,这往往可参考相应的内容标准或学习要求与结果,例如可选择相关科学素养及其内容标准条目来落实核心素养"科学精神"。由此可见,在学习目标覆盖深度上核心素养与逆向设计想要的"理解"是匹配的,在以知识技能为载体落实学习目标的过程中核心素养与逆向设计想要落实的学习目标也是相通的。需要指出的是,上述的大观念主要限于学科课程范畴,相应地,跨学科课程或超学科课程同样也有自己的"大观念",第三章将作出论述。

(二)学习方式方面的联结

大观念的提出不仅为课程设计指出了理解运用大观念的价值,使我们有意识地围绕大观念设定课程目标,而且也为我们指明了一种针对高阶素养的学习方式。回顾课程往事,我们不难发现大观念对学习方式的启示。

在 20 世纪 70 年代的美国,行为主义极其盛行,其教学设计理论要求具体、可测的客观目标,以准确分析学习者的行为表现,尽可能地剔除评价中的主观因素。但这种对具体和可测的强调是以牺牲教师和学生复杂思维的发展为代价的。20 世纪 80 年代早期,教育者意识到培养批判性思维技能的必要性,并制定了种种培养计划。进入 90 年代后,教育者对传统的以行为表现为本的课程教学有了更深入的反思。例如在 1996 年,国际数学与科学趋势研究项目(TIMSS)进行了一次大规模的国际教育比较研究,结果发现,在对世界范围内 50 万名五年级学生的数学和科学素养测试中,美国学生的数学成绩居于中等水平,科学成绩则略低于平均水平。尔后国家科学教育发展中心对 50 个国家的数学和科学课程进行评价,得出以下结论:相比而言,美国的数学与科学课程有一米的宽度却只有一寸的深度。他们的比较发现,美国八年级学生通常要疲惫地面对 800 多页、涵盖多达 65 个主题的科学课本,而大多数日本和德国学生使用的课本只有 150 到 200 多页,并且仅有 5 个主题。① 1997 年后,新闻报道了美国学生在步入中学和大学后,对于学科知识框架中的一些主要概念仍有很多错误的认识。就此,珀金斯(D. Perkins)综合大量研究后指出,许多学生不能牢固掌握数学和科学中的关键性概念。在此基础上,珀金斯进一步论述了传授知识的方式是如何影响学生知

---

① Viadero, D.. Surprise! Analyses link curriculum, TIMSS scores [J]. Education Week, 1997(4):6.

识的记忆和迁移的。他先引述了一项著名实验:一部分学生以记忆事实为目的,用传统教科书的学习方式来理解营养、作为密度标准的水、太阳能飞机和其他物质方面的知识信息;另一部分学生则是通过思考解决南美丛林旅行中将面临的挑战,来实现对相同内容的理解,例如通过旅行者应该带多少水这一问题来了解水的密度这个概念。然后他指出,当两组学生被要求完成准备沙漠探险这项任务时,用传统方式获取信息的第一组学生未能把所学知识应用于实际,而在解决问题情境下学习的第二组学生对所学知识进行了大量、丰富的运用。①

毫无疑问,在上述例子中,有两大变量影响学习。第一个变量要求学生从"如何应对在旅行中的挑战"的思考中超越事实,以达到概念化的水平,确切地说是要求学生理解并运用"应对挑战"这个概念。第二个变量则事关学生参与知识应用,为学生提供问题解决的场景。

这两大变量都与核心素养直接关联。核心素养具有很强的概括性,这种"类素养"显然不能局限于特定情境,而是适用于不同情境。这实质上描述出核心素养所具有的迁移特征与诉求。在这点上,大观念与核心素养的迁移要求可谓无缝对接。具体而言,大观念能有效地组织起零碎化的学科知识与技能,有助于学生的学习超越特定的情境。学生一旦把握了这些大观念,便会将它们用于各种情境。当学生思考从学习主题中引出的可迁移观念和问题时,大观念使得思维超越了事实和活动,达到更高的层次。同时,核心素养是种统整性素养,涉及学科内统整和学科之间统整,甚至跨越学科进行统整,需要通过情境复杂而内涵丰富的问题加以掌握,这意味着需要在课程设计中关注情境问题的设计。在这点上,无论是威金斯和麦格泰,还是德雷克都有所强调。例如,威金斯和麦格泰的课程设计就专门设计了主要问题来引导学生围绕问题展开学习研究,而源于大观念的主要问题有助于减少那种涉及大量内容却缺乏深度的学习,这是因为大观念往往覆盖许多主题或知识技能,所有概念的集中必然减少所涉学习主题的数量。德雷克的课程设计中的大问题、单元问题相当于前者的主要问题,它们都源于大观念、大理解,实质上都是大观念。与此同时,主要问题或大问题渗透于学习活

---

① Perkins, D.. Smart schools: Better thinking and learning for every child [M]. New York: Free Press, 1992: 22 - 23. 引用时有适当修改.

动之中,发挥着组织学习活动的作用。例如,在主题为寓言的整合课程开发中,教师创设了两个主要问题:为什么讲故事是重要的?如何与不同群体相处并以此来组织教学/学习?表 2.2 所示案例就是以其中一个主要问题来组织单元教学的。①

表 2.2 以主要问题为线索组织教学的案例

主要问题:为何讲故事是重要的			
教学活动	评价任务	课程标准	KDB/大的评价任务
用动漫《绿色森林》介绍寓言;开展寓言书展;要求学生描述自己与同学	任务:讨论; 工具:教师观察学生; 任务:制作图表; 工具:轶事记录……	课程:口语与可视化交流 4e54:交流某主题主要观点,简短描述事件系…… 课程:社会学习……	讨论自我、家庭及社区各自的角色与责任……

如果设计合理的话,还可把学期或学年层面的主要问题分解为各个单元层面的问题。表 2.3② 呈现了不同层面的主要问题。

表 2.3 不同层面的主要问题

学期层面的主要问题	单元层面的主要问题
不同文化如何导致冲突?	什么是冲突? 在 1776 年美国人对英国法律的反应中,文化因素如何发挥作用? 如何在冲突中区分不同文化?
系统中的不同模式是怎样显示出来的?	什么是变量? 什么是方程组? 你将如何解决二元一次方程组问题?
价值观如何影响决策?	价值观在你生命中扮演着什么角色? 汤姆的决定是怎样展现出其想法的重要性? 核心价值观与决策是如何关联的?

从学习角度看,通过不同层面的主要问题,学生将以问题解决的方式进行学习。

---

① Drake, S. M.. Creating standards-based integrated curriculum: Aligning curriculum, content, assessment, and instruction [M]. Thousand Oake, CA: Crowin Press, 2007: 124-127.
② 同上, p.92.

问题解决是由一定的情景引起的,按照一定的目标,应用各种认知活动、技能等,经过一系列的思维操作,使问题得以解决的过程。在这一过程中,学生必须运用已有知识提出问题、分析问题、提出假设、验证假设,实现学生自我构建的学习。

如此看来,不同层面的主要问题对于核心素养的学习具有双重意义。一是问题解决就是一种有助于激发学生学习兴趣的学习方式,二是主要问题往往架构课程,它实质上是大观念的一种表现形式,指向大观念的学习要求。通过主要问题,学生得以在高度情境化的学习环境下展开学习,这与高度复杂、情境化的核心素养的养成是非常适配的。

(三)学习评价方面的联结

评价核心素养需要诸如表现性任务这样的情境化问题,其评分很难用对与错来简单判断,往往需要借助评分规则这样的评价标准。实践中人们常常应用表现性评价来获取学生学习的有关信息,除了学习目标,表现性任务与评分规则构成表现性评价的主体。

逆向课程设计非常重视表现性评价,这是由其对应的学习目标决定的。这些学习目标往往比较高阶而复杂,强调实作与表现,因而其考察方式也有特别的要求。例如,表 2.1 的阶段二中就提出两个要求:学生将通过哪些真实的实作任务来表现期望的学习结果?理解能力的实作表现会以哪些标准来判断?这里的"真实的实作任务"即表现性任务,"标准"即评分规则,而"学习结果"即所要评价的学习目标。又如,图 2.2 实质上就采用了逆向设计思路,其中的"大的统整性评价任务"就是一种表现性任务,具体评价学生表现时还会配置评分规则或评价标准。而像图 2.4(a)、图 2.4(b)[①]这样的统整课程设计,至上而下地看,两图各自分为三个部分,分别对应逆向设计的阶段一、二、三。由于学习目标涉及不同学科或超越学科界限,具有很强的综合性,无论是用于总结评定学生表现的"大的统整性评价任务"还是日常教学中的"评价",设计评价任务时,表现性任务势必是最好的选择。这些表现性任务定位于素养取向,要求学生解决问题。至于如何理解、开发表现性任务、评分规则,读者可参考本书第四章。从评

---

① Drake, S. M.. Creating standards-based integrated curriculum: Aligning curriculum, content, assessment, and instruction [M]. Thousand Oake, CA: Crowin Press, 2007: 38. 本书第六、七章的案例以图 2.2 为基础,第八、九章的两个案例以图 2.4 为基础。

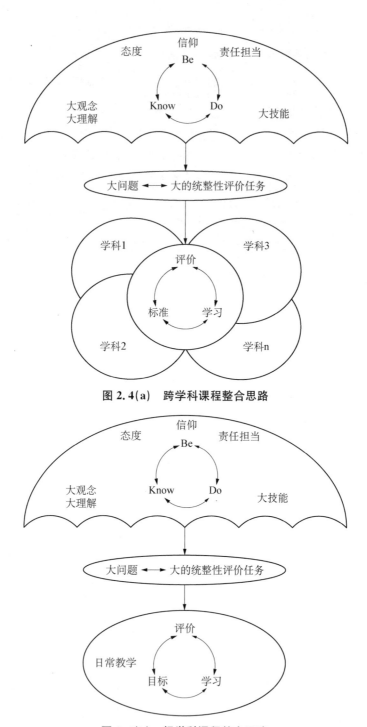

图 2.4(a) 跨学科课程整合思路

图 2.4(b) 超学科课程整合思路

价目的看,表现性评价所包含的评价标准,尤其是评分规则,描述了学生达成不同学习水平的表现,为学生提供了目标参照,为学生自评与互评提供了框架,发挥了学生作为评价主体的作用。在这种情况下,评价即是学习(assessment as learning)。

综合上文,逆向课程设计是落实核心素养的一种适切方式。这里需要强调的是,逆向课程设计的三阶段思路是一种思维方式,在不同实例中会表现为不同的运作方式,落实核心素养时可总体上借鉴三阶段设计思路,而在具体阶段上的操作应视实际情况而定。例如,关于学习目标的分类和学习活动的设计,本书没有选择威金斯和麦格泰的六层次"理解"或德雷克的"KDB",也没有直接套用他们的具体做法,而是做了相应的本土化处理。

三、指向核心素养的逆向课程设计的特征

运用逆向设计落实核心素养涉及方方面面,其设计结果主要体现在课程方案上。尽管我们不能为指向核心素养的逆向课程设计提供精确的技术路线,但是逆向设计与核心素养各自的内涵意味着,作为两者结合的课程设计必然具有如下特征:

(一)依托课程整合落实核心素养

核心素养代表教育目标,在广义上其本身就是一种学习目标,但这样的学习目标非常上位,它往往需要通过整合各类课程加以落实。课程整合也称为整合课程或统整课程,杨龙立与潘丽珠认为,从广义角度来说,所有课程都是课程整合或整合课程,因为课程本身都统整了一些原本不相连属的部分,而且统整也是任何课程应符合的原则与理念。[①]据此,我们不必认定统整课程一定是跨学科的课程,因为分科的学科课程,只要能依据学习者的兴趣与经验,只要能促进学校与社会的联系,只要能培养统整的个体,即可被视为课程整合。

对于不少教师来说,课程整合似乎是新事物。事实上,课程整合已有一段不短的历史,可追溯至19世纪。到了20世纪30年代,杜威也认为课程整合有其优点,并大力宣传。课程整合发展至今,虽然有起有落,但总体上其隐含的如下优点逐渐得到人

---

① 杨龙立,潘丽珠.统整课程的探讨与设计[M].台北:五南图书出版公司,2001:41.

们认可——从学生生活入手,通过主题教学增强学生的学习兴趣。通过整合课程,如设立综合科,既可解决教育时间安排问题,也可减少课程臃肿及重复的现象。晚近许多学习理论与脑科学研究都揭示了课程整合的好处,使得课程整合受到更广泛的关注。① 这些课程可以是国家课程(如科学、语文、英语等学科课程),可以是校本课程(如各校为满足学生需要自行开发的课程);可以是侧重学科内整合的课程,也可以是侧重学科间整合的课程,或者超越学科界限整合的课程。基于不同的立场并以内容标准为参照,表2.4呈现了课程的不同形态。

表2.4 不同立场的课程连续体

学科立场	基于学科内容标准	不基于学科内容标准
跨学科立场	整合各门学科内容标准	整合课程时不包含各门学科内容标准
超学科立场	源于学生的真实问题,涉及学科内容标准	源于学生真实问题,不涉及学科内容标准

从学科立场看,由于国家课程的法定性,各门学科课程是必须实施的课程,学科课程之间必须相互配合,共同承担落实核心素养的任务。从实际情况看,学科课程与核心素养存在两大对应关系。第一种是一对总的关系,即每门学科都需落实所有核心素养,如新西兰的各门课程都要体现出培养国家规定的五种核心素养。第二种是一对分的关系,即一门学科有侧重地对部分核心素养作出独特贡献。如表2.5所示,各门学科各自"领取"了核心素养的相应子项,其中数学学科承担起核心素养"A 沟通互动"与"C 自主行动"中的两个子项,即"A1 语文表达与符号运用"与"C2 系统思考与问题解决";英语学科承担起核心素养"A 沟通互动"与"B 社会参与"中的两个子项,即"A1 语义表达与符号运用"与"B3 国际理解与多元文化"。所有课程都各有所需重点落实的核心素养,它们之间相互配合,共同指向整体核心素养的落实。②

---

① Caine,R. N. & Caine,G.. Making connections: Teaching and the human brain [M]. Alexandria,VA: Association for Supervision & Curriculum Development,1991: 201.
② 蔡清田,等. 中小学课程相关之课程、教学、认知发展等学理基础与理论趋向[R]. 台湾:台湾教育研究院,2010.

表 2.5 中国台湾地区核心素养在各门学科中的分布

学习领域 \ 核心素养	A 沟通互动			B 社会参与			C 自主行动		
	A1 语文表达与符号运用	A2 咨讯科技与媒体素养	A3 艺术欣赏与生活美学	B1 公民责任与道德实践	B2 人际关系与团队合作	B3 国际理解与多元文化	C1 身心健康与自我实现	C2 系统思考与问题解决	C3 规划执行与创新应变
数学	✓							✓	
自然与生活								✓	✓
艺术与人文			✓		✓		✓		
国语	✓				✓				
英语	✓					✓			
社会		✓		✓		✓			

从《中国学生发展核心素养》看，我国各门学科课程与核心素养的关系理论上介于一对总与一对分的关系之间，但实际上更趋向于一对分的关系。例如科学课程原则上可以用于落实六大核心素养，但其学科特色又在一定程度上决定了它更适合于落实"科学精神"、"实践创新"以及"社会责任"的子项"生态意识"等。具体说来，落实核心素养需要通过落实学科知识与技能来实现。这是因为作为统整性素养，核心素养并非一蹴而就地被学生习得，往往需要通过课堂学习目标的累积落实。有别于传统上以单独知识与技能为终点指向的教学，落实核心素养需要教师明晰核心素养与课堂学习目标的内在关联，并据此规划不同层面的课程方案。换言之，需要教师明晰课堂学习目标来自哪些内容标准条目、这些内容标准条目指向哪些学科核心素养、这些学科核心素养与核心素养是否有着对应关系、怎样把这些学习目标的关系体现于学期/学年与单元/模块课程纲要中。类似的，有些课程不是国家课程，而是校本课程，但还是囿于学科范围内。例如第七章呈现的学科拓展课程"经典计数问题"，并未应用现有的数学课程标准，而是基于想要落实的核心素养、学科核心素养，再确定该校本课程的目标，接着完成相关课程纲要的撰写。

相较于学科立场，跨学科立场相对复杂，它可能涉及整合不同学科的内容标准，也可能不涉及学科的内容标准。例如第八章呈现的跨学科课程"爱的旅行"的课程目标就是整合了多门学科内容标准而得,或者说,该课程目标源自核心素养与各门学科内容标准等既有目标。超学科立场的课程设计更多地考虑学生的需求,其研究问题由学生自己提出,常见的研究性学习就是一个典型例子。在具体形态上,超学科立场的课程可能包括一些学科内容标准,但更多情况下不包括学科内容标准。例如第九章呈现的超学科课程"梅花小导游"的研究问题主要来自学生真实的需要,并没有受学科内容标准的限制。

在很大程度上,无论学科立场还是跨学科立场或超学科立场,这些课程都是整合/统整课程。对于跨学科或超学科立场,不难理解这样的课程是整合课程,而对于学科立场,对应的课程也可以认为是通过学科内部整合而得。之所以需要以整合课程形态出现,其根本原因在于要落实的核心素养是种统整性的素养,它需要相应的课程统整形式。

(二)评价设计先于教学设计

按逆向设计之意,对学习目标的评价设计要先于教学设计,即先规划评价活动再规划教师的教学活动或学生的学习活动,指向核心素养的逆向课程设计同样如此。由于核心素养是个类概念,比较抽象广泛,因此评价设计对应的学习结果往往指向特定课程的知识、技能与情意目标。这实质上要求教师具有目标规划意识来思考核心素养以及其与其他学习目标的关系,不断地提醒自己:"本学期/学年、本单元/模块学生到底要获得什么核心素养,它与学生所学的内容有何关系?我该怎么设计相应的评价以明确学习目标得以落实了?"这种评价设计先于教学设计要求教师必须清楚地意识到,要展示成就,学生必须知道什么、能做什么、达成标准应有怎样的表现质量。这些问题对于教学具有重要的指导作用,特别是在教学内容设计、教学计划和节奏,以及对学生学习质量的评估等方面。当评价渗透于整个教学设计环节时,教师能在具体实施教学的过程中及时发现学生的学习状况,调整教学,协调处理教学中预设与生成的关系,而不是把教学设计固定化,从而为灵活、动态的课堂教学提供可能和有利的支持。

在本书中,评价设计先于教学设计还具有另一层特别强调的教育价值,即在评价目的上,它不仅可用于总结性评价,也可用于形成性评价。传统上,出于学理研究的便利,评价设计与教学设计往往作为两个独立的环节来研究,致使评价设计与教学设计相互隔离,也强化了评价作为事后行为的定位。这种教、评分离致使学生的反应不能得到及时评价,评价促进学生学习的功能难以得到发挥,教师对学生是否掌握预定目标的判断就失去了依据。当前,教学、学习和评价三位一体的关系已经得以建立,评价被看成镶嵌于教学过程的一个成分。对各种新型评价方式的倡导,对内部评价尤其是课堂层面的评价的高度关注,对多元评价尤其是学生参与评价的倡导,对适当运用评价结果的规范等,无不反映着评价促进学习的理念。即使在为监测、问责等目的实施的学生学业成就评价中,促进学生的学习同样是一个重要的关注点。当然,监测与问责本身亦包含了对学习评价的内涵,二者缺一不可。那么如何体现这种对学习的评价(Assessment of Learning)与促进学习的评价(Assessment for Learning)之间的平衡?评价设计自然责无旁贷。当评价设计包含了诊断性评价、形成性评价、总结性评价时,它就为对学习的评价与促进学习的评价之间的平衡提供了可能。

(三)强调大观念的学习作用

就中文字面表达看,大观念与大想法、大观念、大概念等诸多词语同义,勾起我们诸多宏远的抱负。对于一门课程,大观念居于中心位置,它们对现象的解释效力很高,对课程提出广泛的概述。当课程聚焦在更小范围的一套优先大观念上时,各学习领域将更为连贯地联结,有助于组织事实性信息,形成课程知识结构,促进学习迁移。应用大观念来架构教学与评价并不新奇,早在1960年,布鲁纳(J. S. Bruner)的"结构"就透露出类似的思想:"掌握学科的结构就是,以允许许多事物有意义地相互关联的方式来理解该学科。简言之,学习理解结构就是学习理解事物如何相互关联……以数学为例,代数是一种将已知数和未知数安排成等式以使未知数变得可知的方法。其三个基本要素包括……交换、分配、结合。当学生掌握了由这三个基本要素具体化而成的概念时,就会知道要解决的'新'等式其实一点也不是新的。"[1]不久之后,菲尼克斯(P. Phenix)在《意义的领域》(Realms of Meaning)一书中也指出"代表性概念"设计课程的重要性,因为这些概念能使学习既有效能又有效率:"在节省学习付出方面,代表性概念显然非常重要。如果一门学科有某些特色概念可以代表它,那么彻底地理解这些概念就等于获得整个学科的知识。如果一门学科的知识是按照某些模式组织的,那么完全理解这些模式,足以使得许多符合学科设计的特定要素

---

[1] Bruner, J. S.. The process of education [M]. Cambridge, MA: Harvard University Press, 1960: 7-8.

变得清晰。"①晚近的许多学习研究也呼应支持了这些观点,如有学者指出:"专家面临问题时会先寻求对问题的理解,而这涉及根据核心概念或大观念进行思考。新手通常不太可能依据大观念组织自己的知识,而是通过搜寻正确公式,以及符合其日常直觉的恰当答案来处理问题。"②

正因为大观念具有如此重大的教育价值,逆向设计非常强调超越具体知识与技能的教学,关注它们背后指向的大观念。对于指向核心素养的逆向课程设计,强调大观念的学习作用表现在如下两大方面:

一是运用大观念的学习要求来体现核心素养的本质要求。作为统整性素养,核心素养要求学生能解决综合性的问题,各门学科成为落实核心素养的重要载体,学科课程目标或学科核心素养可视为核心素养在学科层面的具体化。在目标层面上,大观念可通过学科核心素养与核心素养发生联结。具体地说,大观念是种思想或看法,其要求并不能代表核心素养的要求,但由于其居于学科概念的中心地位,因此从操作的角度看,理解与运用大观念体现了一门学科比较重要的学习目标,它至少部分代表了一门学科课程目标或学科核心素养的要求,后者恰恰就是核心素养要求在学科层面的体现。

二是运用大观念促进学习迁移的作用来落实核心素养。大观念能有效地组织起零碎化的学科知识与技能,有助于学生的学习超越特定的情境,应用于各种具体情境中。而核心素养具有很强的概括性,其落实体现在学生解决各类问题之中。这种素养显然并不局限于特定情境,而是适用于不同的情境。这实质上描述出了核心素养的迁移特征。在这点上,大观念具有得天独厚的优势,因为它们具备的概括性、永恒性、普遍性、抽象性与核心素养的迁移要求可谓无缝对接。我们完全可以想象,一旦学生们拥有了大观念,他们将能更好地处理不同情境中的问题。

(四)凸显问题解决的学习方式

问题是学习的敲门砖,问题解决过程就是有效学习过程,基于问题解决的学习方

---

① Phenix,P.. Realms of meaning [M]. New York:McGraw-Hill,1964:232.
② Bransford,J. D. E, Brown,A. L. ,& Cocking,R. R. E.. How people learn:Brain, mind, experience, and school [M]. Washington,D. C.:National Acadency Press,1999:342.

式已得到广泛认可。在认知上,多数认知科学家认为,学习者必须经过内部加工和思考,或者与他人的互动,进行积极的意义建构,从而深入理解情境活动、解决问题。①基于问题解决的学习能让学生感到兴奋,在此过程中,学生们互相帮助,教师则充当了学习促进者和合作学习者;而评价目的在于推动学习活动,也富有意义,学生受到的威胁最小。相当多的脑科学研究报告也支持问题解决的学习方式。有研究表明,当个体处于受威胁状态时,其思维习惯基本上会退化到原始或初期状态。美国学校为年龄偏大学生以及高危险学生举办的阅读比赛,以及以此作为升学依据甚至在地方或州报告中公开成绩的常模参照测验,都对学生造成了威胁。②在功能上,基于问题解决的学习将学生带入真实或模拟的生活情境中,帮助他们掌握未来工作所需的技能,培养他们各方面的能力,如反思能力、运用科技的能力、交流与表达的能力、团队意识等等,这完全符合21世纪对人才培养的要求。

核心素养是一种综合性素养,体现为一种问题解决的能力,内在地指向问题情境。这种性质决定了学生不仅要学习基础知识与基本技能,更需要习得解决问题的素养。因为学校之外的世界很少只需按部就班地运用基本技能就能解决问题,所以学校应确保每个学生经历解决复杂问题的过程,促使学生面对复杂问题。这些复杂问题应包含在学生将所学运用于现实世界的真实任务之中。学生在面对这些复杂任务时可能需要支持,求助所需资源,保持前进的方向,将大的问题分解成小的问题。从类型看,这些问题包含"含糊的"和结构不良的问题,如提出解决能源危机、环境污染的方案。复杂问题并不只是难题;复杂问题有许多部分,通常包含多重相互作用的成分和多重可能的解答办法,没有唯一正确的答案,而且每个解答办法又会带出新问题。此外,评价核心素养也需要情境化问题。这是因为核心素养本身就是一种关于行动的素养,需要特定情境的参与。核心素养需要丰富的情境来"打包"其涉及的诸多内容,从评价角度看这样的问题就是大的统整性评价任务。

正如上文所说,大观念适合落实核心素养,若要使学生理解与运用大观念,教师需

---

① Jones, B. F., Rasmussen, C. M., & Moffitt, M. C.. 问题解决教与学——一种跨学科协作学习的方法 [M]. 范玮,译. 北京:中国轻工业出版社,2004:23—24.
② Caine, R. N. & Caine, G.. Making connections: Teaching and the human brain [J]. Association for Supervision & Curriculum Development, 1991:201.

要创设并组织相应的学习活动。这些学习活动需要学生通过问题解决的方式来进行。这一方面是因为大观念的理解与运用本身就需要在问题探究中落实。例如,对于大观念"光具有波的性质",可设置一个对应的问题"在哪些方面,光的作用就像波?",它能吸引一群特定而多元的学习者。这种对应于大观念的主要问题能激发学生的探究兴趣与深度思考,聚焦于大的学习目标,避免过度关注琐碎的学习目标,产生将概念应用于其他情境的迁移能力。换言之,在达成大观念的学习要求的过程中,主要问题为学生掌握核心素养提供了通过问题解决进行探究的学习方式。

第三章

澄清目标：联结核心素养与教学目标

学习目标是逆向设计的起点,它占据着课程设计的中心,引领着教学与评价的规划。若要使课程设计有效,教师必须优先把握好学习目标,而这往往需要把它们"教学化",即转化为教学目标。在指向核心素养的课程设计中,我们首先需要思考核心素养与教学目标有着怎样的关系,只有明晰了这个问题,才有可能通过相对具体的教学目标落实相对宽泛的核心素养。在操作层面,联结核心素养与教学目标又需要哪些关键技术,这同样也需要深入探讨。本章将围绕这两大问题作出回应。由于不同形态的课程在这两大问题上的回答既有很大共性又有一定差异,为便于论述,本章先以学科课程为例展开论述,后续"目标确定的问与答"部分则对其他课程形态的相关信息加以补充。

一、核心素养与教学目标的内在逻辑：以学科课程为例

核心素养与教学目标有着复杂的联系,为了解这种关系,我们不妨先从学习目标的层级开始着手。

(一) 学习目标的层级

所谓学习目标意指学生通过学习必须学会的学习结果,它是教学与评价的灵魂,支配着教学与评价的方向。教师在考虑学习目标时,要思考如何在教育目的范畴内明确学习目标的层级。

如表3.1[①]所示,教育目的的具体化是教育目标,而教育目标的具体化是课程标准,课程标准的具体化就是在教育现场确定的教学目标。即使是教学目标,也有不同的层级：由学年(学期)目标到单元(主题)目标,再到课时目标。在定位学习目标时,

---

[①] 钟启泉,崔允漷,主编. 新课程的理念与创新(师范生读本第2版)[M]. 北京：高等教育出版社,2008. 引用时有适当修改.

教师必须弄清楚它的上位目标与下位目标是什么,并明晰不同目标的特点。例如一级的教育目的往往以教育方针方式来陈述,其内容相对抽象笼统;二级的教育目标相对具体,如中国学生发展核心素养的描述就比一级的教育目的更为详细具体;三级的课程标准则进一步具体化了教育目标,因为教育目标需要通过它们转化为特定学段、年级的不同学科课程标准;这些不同学科课程标准代表的是底线要求,特定的地区、学校、班级在确保底线要求的基础上,根据自身需要设计不同层面的教学目标,这实际上涉及了课堂层面的教学。

表 3.1 教育目的范围的层级关系

层级	陈述名称	制定者	特点	举例
一级(教育目的)	教育方针	政府/国家	抽象;笼统;比较关注"应该如何"	在德、智、体几方面都得到发展
二级(教育目标)	各类学校的培养目标	政府/国家	对教育目的的具体化	中国学生发展核心素养
三级(课程标准)	九年义务教育课程目标	学科专家	从"抽象"逐步过渡到"具体"	具备基本知识与能力
	九年义务教育语文课程目标			具有独立阅读能力,注重情感体验,激发想象力和创造力,运用多种阅读方法等;或用学科核心素养来表述
	一至二年级语文课程目标(阅读领域课程)			结合上下文和生活实际了解课文中词句的意思,在阅读中积累词语
四级(教学目标)	学年(学期)目标或单元(主题)目标或课时目标	教师	比较具体;比较关注实际状态	《沁园春·雪》的学习目标:感情充沛地吟诵;当堂背诵;体会诗人的豪情壮志

图 3.1 中更加形象地说明了这种层级化观点。该图表明,教育目的至少是面向全体中国中小学学生的,无法直接拿来设计课程,因此还需要确定面向所有学生的核心

素养,然后依据学生的核心素养,研究各学科的育人功能,确定学科目标,即学科核心素养、内容标准、学业质量标准等官方规定的目标,而这是由学科专家决定的。学科目标起着承上启下的作用,比教育目的更具体,但是比课堂学习目标更抽象。学科目标如果不继续分解或具体化,就无法在学校教育现场实施和评价,其后果就是教育目的被"悬置",同时还会让校长、教师丧失其专业性。因此,在学科目标下面还需要教学目标层,即校长或教师在教育现场依据教育目的或学科目标,结合自己对学情的研究与判断,制定相对具体的、清晰的目标,为后续的教学与评价的展开提供纲领性、引领性的框架。①

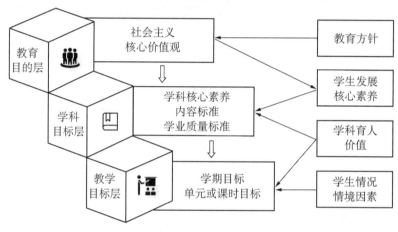

图 3.1 教育目的层到教学目标层的示意

以上两种目标层级的观点给予了我们定位某个目标的重要启示,但必须指出,这样的目标层级只能提供一个大的思考方向,一些目标不会以我们熟悉的方式出现,而且需要我们作具体的分析。在逆向设计中,核心素养至教学目标的层级关系总体上遵循了上述关系,但在一些具体环节方面又有着独特的特征。

(二)核心素养与教学目标的联结

只有与教学目标建立起内在关联,核心素养才有可能得到落实。这种关联具体体现为核心素养与教学目标的联结过程。总体上,这种联结遵循"核心素养→学科

---

① 崔允漷.追问"核心素养"[J].上海:全球教育展望,2016(5):3—10,20.

核心素养→内容标准→教学目标"的技术路线。在逻辑上,该技术路线包括三次联结。

一是,联结核心素养与学科核心素养。既然核心素养的落实由各门课程承担,进一步联结各门学科核心素养就成为必然。所谓学科核心素养是指通过学习某学科的知识与技能、思想与方法而习得的重要观念、关键能力与必备品格。例如高中物理素养包括物理观念、科学思维、科学探究、科学态度与责任,就是在核心素养关照下拟定的。[①] 二是,联结学科核心素养与内容标准。我国最新的普通高中各学科课程标准基本遵循"核心素养—学科核心素养—内容标准"的研制思路,其中内容标准是课程标准文本的主要构成。在该思路中,学科核心素养起着桥梁的作用,各门学科课程标准为教学与评价提供实施依据。三是,联结内容标准条目与教学目标。作为统一规定的文件,课程标准面向全体学生,国家一般不会再把学科课程标准转化为教学目标,因此,教师需要根据教育现场实际需要将内容标准条目具体化为教学目标。在本书中,这样的教学目标包括大观念的学习要求、主要问题,以及实现大观念的学习要求所需的知识技能、情感态度价值观、单课时或多课时的教学目标[②]。例如,为了发展我国学生核心素养"理性思维",可借助数学素养"数学建模"。我国小学数学内容标准条目"通过操作,了解圆的周长与直径的比为定值,掌握圆的周长公式"可用来匹配"数学建模"素养;从该内容标准条目可确定大观念"数学模型"的学习要求"初步理解并应用数学模型",以及相应的主要问题"怎么计算圆的周长?";在展开主要问题的探究中,为了落实大观念的学习要求还需要学生掌握如下知识技能:解释圆的周长是直径大小的π倍;辨别圆、正方形、长方形的周长公式;计算圆的周长或直径的大小;解决与圆的周长有关的简单问题。[③] 如果这些知识技能包含较多容量,那么还需要把它们分配至单课或连课的课堂目标。

(三)联结核心素养与教学目标的价值

上述三种联结看似简单,毫无新奇,但这样的联结并非易事,需要教师进行深入的研究。事实上,这种关涉不同层级学习目标的联结具有多重的价值。

[①] 普通高中物理课程标准修订组.普通高中物理课程标准(送审稿)[M].北京:2017:2.
[②] 注:此处以单元为单位进行备课,可以采用单课和/或连课形式,下文以课堂目标统称这类目标。
[③] 邵朝友.基于学科能力的表现标准研究[D].上海:华东师范大学博士学位论文,2014:134.

这种联结的价值首先表现为促进学科教学改革。传统上,我国学科课程大多局限于学科本身,教师习惯于学科知识技能的教学与评价。当教师了解了这样转化,他们将明晰课堂教学乃指向于核心素养,建立起学科核心素养与核心素养的内在关联。指向核心素养与学科核心素养的教学必然要求把内容标准转化为单元/模块或学期/学年目标、课时目标。单元/模块或学期/学年学习目标要求课时学习目标之间发生联结,因为孤立的课时目标很难落实这两种统整性素养。再者,这种联结有助于促进教师专业发展。教师专业发展有着不同的路径,研究学习目标是一种有效的方式。这是因为,学习目标是课程的灵魂,居于教学与评价的核心,只有明确了学习目标,才可能开展有效的教学与评价。核心素养、学科核心素养、内容标准、教学目标处于不同的目标层级,教师必须研究它们各自的内涵,一致地思考它们的关系,并基于各种教学现场条件才能实现这种转化。这本身就是提升专业水平的研究过程。最后,这种联结有助于促进中小学教育改革的推进。我国中小学教育改革目前正处于攻坚阶段,提升学生解决实际问题的素养是其中一大难题,培养核心素养是解决该难题的重要措施。

此处的核心素养与教学目标的联结主要针对学科课程而言,这种联结需要众多技术支撑,以下将就此展开论述。而对于教师自行开发的课程,尽管其教学目标与核心素养的联结略有差异,也仍需借鉴这些技术。

二、匹配核心素养、学科核心素养与内容标准

联结核心素养与教学目标的核心问题在于,如何确保教学目标与核心素养保持一致性,这首先需要匹配核心素养、学科核心素养与内容标准。

在核心素养到教学目标经历的三次联结中,核心素养、学科核心素养与内容标准条目是国家事先规定的,而教学目标需要教师自己确定。要确保教学目标与核心素养的一致,自然先要确保前三者的匹配。这种匹配需要考察所选择的上下位概念之间涉及的内容范畴、学习要求,以及上下位概念所含内容的内在逻辑的一致性。具体说来,匹配过程需要完成如下要项。

1. 研读核心素养。教师首先要明晰所选择的核心素养条目及其要义。例如我

国的学生发展核心素养包括六大素养,具体为人文底蕴、科学精神、学会学习、健康生活、责任担当、实践创新;每一类核心素养又有若干描述细项。以"实践创新"为例,它要求学生在勤于实践、敢于创新方面有所表现,其具体构成如下[①]:

劳动意识:尊重劳动,具有积极的劳动态度和良好的劳动习惯;具有动手操作能力,掌握一定劳动技能;在主动参加的家务劳动、生产劳动、公益活动和社会实践中,具有改进和创新劳动方式、提高劳动效率的意识;具有通过诚实合法劳动创造成功生活的意识和行动等。

问题解决:善于发现和提出问题,有解决问题的兴趣和热情;能依据特定情境和具体条件,选择制订合理的解决方案;具有在复杂环境中行动的能力等。

技术运用:重点是理解技术与人类文明的有机联系,具有学习掌握技术的兴趣和意愿;具有工程思维,能将创意和方案转化为有形物品或对已有物品进行改进与优化等。

研读核心素养后,教师需要明确几个问题:指向几条核心素养?指向每条核心素养中的全部还是部分内容?这些内容有着怎样的要求?

2. 选择与核心素养匹配的学科核心素养。这可从两者涉及的内容范围、认知要求、问题情境或者隐含的情意因素加以比较。例如,"解决与数学相关的情境性问题"是小学数学核心素养,其内容包含编码情境问题中的因素、模拟情境问题、运用各种策略解决问题、验证解决办法、分析与解决办法相关的信息。通过理解分析,可把其定位为认知性质的素养,广泛适用于各种情境,可用于发展学生推理素养和创造性素养、解决各种日常生活所面临的挑战性问题。这些情境性问题要求学生使用综合、组织、问题解决、检验、沟通等策略,并为学生提供运用数学语言的机会。通过分析、联系,教师可选择"解决与数学相关的情境性问题"与核心素养"实践创新"子项"问题解决"进行匹配。

3. 确定与学科核心素养匹配的内容标准。例如,明晰"解决与数学相关的情境性问题"内容后,教师可从内容、认知、情境、情意方面选择相匹配的内容标准,如"通过操作,了解圆的周长与直径的比为定值,掌握圆的周长公式;探索并掌握圆的面积公

---

① 核心素养研究课题组.中国学生发展核心素[J].中国教育学刊,2016(10):1—3.

式,并能解决简单的实际问题。"①

综上所述,核心素养、学科核心素养与内容标准之间的匹配,关涉各个要素之间内容范围、认知要求、情意因素,以及体现为解决情境问题的外在表现的匹配。这实质上要求学科核心素养与核心素养、内容标准与学科核心素养之间保持(1)语义相似,即它们可指涉相似的事物与境况,一方可由另一方来体现,换言之,学科核心素养体现核心素养、内容标准体现学科核心素养;(2)逻辑相同,即它们指涉相同的因果关系或互动关系。完成相关环节后,教师可参考表3.2重新审视三者之间是否一致。

表3.2 匹配核心素养、学科核心素养与内容标准的评判框架

描述矩阵			评判矩阵	
			核心素养与学科核心素养的匹配	学科核心素养与内容标准的匹配
相关核心素养的描述: 描述1: 描述2: ……	相关学科核心素养的描述: 描述1: 描述2: ……	相关内容标准条目的描述: 描述1: 描述2: ……	● 学科核心素养指向的内容范围是否包含于核心素养; ● 学科核心素养的认知要求、情意因素是否与核心素养的认知要求、情意因素相一致; ● 学科核心素养体现于解决情境问题的外在表现是否与核心素养体现于解决情境问题的外在表现相一致。	● 内容标准条目指向的内容范围是否包含于学科核心素养; ● 内容标准条目的认知要求、情意因素是否与学科核心素养的认知要求、情意因素相一致; ● 内容标准条目体现于解决情境问题的外在表现是否与学科核心素养体现于解决情境问题的外在表现相一致。

匹配核心素养、学科核心素养与内容标准后,教师便可开始确定教学目标。这涉及三个方面:一是寻找课程标准中的大观念并确定其学习要求与主要问题;二是完成它们所需的知识基础;三是明确课时教学目标。

三、确定多层级的教学目标

在匹配核心素养、学科核心素养与内容标准后,联结核心素养与教学目标还需要

---

① 中华人民共和国教育部.义务教育小学数学课程标准[M].北京:北京师范大学出版社,2011:39.

通过解读内容标准确定大观念的学习要求、主要问题,以及相关的所知、所能、所成与课堂目标。

(一)寻找大观念并确定其学习要求

作为课程、教学及评价的焦点的核心概念、原理、理论与过程,大观念反映了专家层次的理解,能联结学科重要知识、技能,能迁移至其他的情境脉络。按照威金斯与麦格泰的观点,大观念可被想成是:为学习提供焦点;通过联结众多知识、技能拓宽了学习的广度和深度;要借助跨内容的教学,因为那些不明显、容易被错误理解的东西出现在不同领域时,学生才会更好地领悟它们;学习迁移价值极大,可用于许多探究主题。

实际上,如果我们回顾核心素养与学科核心素养,不难发现它们有时相对明确地显示出了一些大观念。例如,数学上大家比较公认的关键素养"数学建模"中的"数学模型"就是一种大观念,又如核心素养"科学精神"中的"批判意识"也是一种大观念。相比之下,大观念主要来自内容标准,而且比较含糊,需要作深入挖掘。本书主要针对内容标准来找大观念,当确定内容标准后,教师可采用四种策略来确定大观念。

策略1:留意内容标准中一再出现的名词,或者重要的短语,它们往往是我们所找的大观念。例如,对于"通过理解数学的概念,以及理解数学及数学模式在其他学科、日常生活所扮演的角色,所有学生能够把数学联结到其他的学习",我们可确定相应的大观念为"在各种学科和日常生活中的数学模式"。这种大观念广泛出现于各门学科内容标准中,如科学中的有机体、系统、变化、进化、循环、相互作用、能量与物质,数学中的比率、对称、概率、次序、量,社会中的群体、系统、文化、文明、迁徙,文学中的时间、地点、主题、冲突、合作、风格、手法,音乐中的旋律、和谐、音调、形式、格调、拍子、音色,视觉艺术中的和谐、线条、色彩、色度、形状、风格、纹理、空间、视角,等等。

除了单词或词语,从内容标准的一些短语中也可确定大观念,对于"说明资源的匮乏如何迫使人们作出选择以满足需要",我们可确定"资源的匮乏迫使人们作出选择"为大观念。

策略2:运用"椭圆组图"来确定大观念。例如,内容标准"学生将理解关于营养和饮食的主要概念"可细分为："学生将使用对营养的理解，为自己和他人做适当的饮食计划；学生将了解自己的个人饮食习惯和方式，而这些习惯是可以改善的"。对此，教师可通过图3.2①所示方式，确定最终的大观念及其主要问题。

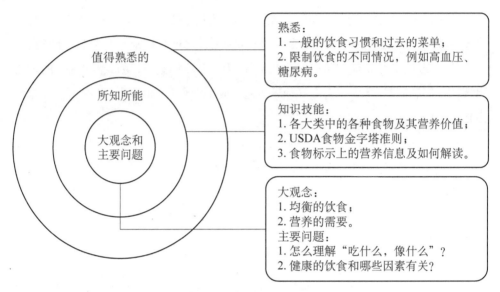

图 3.2 应用"椭圆组图"确定大观念的例子

策略3：通过追问的方式确定大观念。例如，对于学科内容标准可采取如下追问方式：为什么要学习该内容？学习后又怎么样？该内容标准所暗示的大观念是什么？在更大的范围中，如何应用这些知识技能？学习该内容标准有什么价值？……

策略4：以配对方式产生大观念。对内容标准的概念进行配对，如光明与阴暗；资方与劳方；命运与自由；物质与能量；结构与功能；国家与人民；天性与教育……

通过上述策略寻找到大观念后，还需要进一步明晰其学习要求。这是因为大观念

---

① [美]Grant Wiggins, Jay McTighe. 重理解的课程设计[M]. 赖丽珍,译. 台北：心理出版社,2008：79. 引用时有适当修改。

通常是以概念、主题、观点等形式出现的,人们经常会把它作为内容来看待。其实,大观念本身可以作为课程教学的目标。哈伦等人认为,科学教育具有多方面的目标,应该致力于理解一些科学上有关的大观念,包括科学观念以及关于科学本身和科学在社会中所起作用的观念……。① 这两类观念就是科学教育目标,不管学生是否进一步学习科学,这些观念对于他们理解所观察到的自然界以及依据科学知识参与那些影响自己和他人生活质量问题的决策,都是必要的。为避免偏见,更为了便于课程教学的运作,不妨以教师熟悉的语言"大观念的学习要求"来代表学生在大观念上必须达到的学习目标,把大观念作为统整性的思想或看法。例如,对于大观念"数学模式","在不同情境中辨识出数学模式"是其可能的一条学习要求。

这些大观念的学习要求一般定位于单元/模块或学期/学年教学目标层面。作为单元/模块或学期/学年的教学目标,它们的落实还需以学生对相关知识、技能与情感态度价值观的掌握为基础。内容标准则是大观念的学习要求、相关知识与技能的重要来源,这就意味着在解读内容标准时不仅需要明晰大观念及其学习要求,还要确定更为具体的知识、技能与情感态度价值观。下文内容标准解读部分将对此作进一步阐述。

(二)为理解与运用大观念设计主要问题

为了达到内容标准,学生需要理解、运用大观念,将它们与个别事实和技能相联结并赋予它们意义,那么我们如何能持续聚焦在大观念上,如何选择大量的课程内容知识,然后将其形塑成引人注意、激发思考的学习活动?指向大观念的主要问题正是对这些问题的回应。这些问题的重要性在于它们为大观念提供了优先考虑的问题。例如,主要问题"机器人会变得有自我意识吗?"显然比琐碎问题"机器人是什么时候诞生的?"更能引发学生的思考与探索。就此布鲁纳大声疾呼:"考虑到特定的学科主题或特定的概念,问琐碎的问题就很容易……问毫无难度的问题也很容易。其诀窍在于找出可被回答又能使你有进步的中间问题。"②此处的"中间问题"即主要问题。这些问题不是靠一时的记忆就能回答的,而是需要学生经常面对的,故而用它们来确定教学

---

① 温·哈伦,等.科学教育的原则和大概念[M].韦钰,译.北京:科学普及出版社,2011:8.
② Bruner, J. S.. The process of education [M]. Cambridge, MA: Harvard University Press, 1960: 40.

的优先次序是合理的。这是因为,主要问题指向大观念,有着令人惊喜的好处——超越了具体知识技能,作为判断学生学习进步的标准,使我们聚焦在问题上而不是答案上。因此,主要问题并不只是一种手段或教学策略。主要问题可用来架构教学目标,提出及探求这些问题是教师与学生的责任——这就是为什么它们是属于阶段一的问题,而不是阶段三的问题。在某种程度上,主要问题是目标"理解与运用大观念"的问题化,它们和大观念完全可被视为一种学习或教学目标。

在语义上,"主要"有四层内涵:(1)超越时代的问题,如"何谓正义?";(2)学科的核心概念和问题,如"什么是健康的饮食?";(3)学习核心学科内容的问题,如"在哪些方面,光的作用就像波?";(4)能吸引一群特定而多元的学习者。如果某个问题被视为主要问题,其必须满足以下基本条件:(1)激发学生探究大观念的欲望;(2)促进学生深入地思考、讨论、探究;(3)启发学生基于证据做出选择,论证自己的观点;(4)推动学生重新思考大观念;(5)促进学生联结新旧经验。可见,主要问题的功能是作为入口,通过这个入口学生可以探究关键的概念、主题、理论等,进而深化对大观念的理解。

那么,如何产生主要问题?常见的一种方式是运用疑问副词,如对于大观念"正义",可形成主要问题"什么是正义?"。常见的另一种方式是运用"疑问副词+大观念+动词+大观念"得到主要问题。例如,某个单元涉及价值观与冲突两个大观念,教学要求定位为运用大观念"价值观引起冲突"解释历史事件,我们可用"影响"来连接它们,形成"价值观影响冲突"的句子。然后,可用"为什么"、"如何"、"是何"等疑问副词来写出主要问题:"为什么价值观会影响冲突?"或"价值观是如何影响冲突的?"当然,该单元问题还显得比较抽象概括,往往需要用更具体的问题或活动来开展教学,如可针对特定知识或技能设置一个具体情境来让学生探究某个价值观是如何影响不同人群的冲突的。另一种可行的办法是,把单元问题转化为单课或连课的问题,这些结合具体课程内容的问题将更具情境化特征。

如此一来,通过这些大观念与主要问题,我们可组织起教学活动,使得教学围绕这些问题开展问题解决导向的教学,推动学生开展探究学习。原则上,我们可为整个课程或单元设置大观念及其主要问题,用主要问题来组织相应的单元或课时教学方案设计。例如,在设计单元课程时,单元层面的主要问题有助于撰写单元教学方案,我们可把这些大的问题细化为单课或连课的问题。这些问题通常带有情境性,从而为落实核心素养与学科核心素养提供了平台。

(三)为大观念的学习要求和主要问题配置所知、所能、所成和课堂目标

从内容标准获得的大观念和主要问题为我们提供了较长时限的教学目标,但教师还需要思考:为了理解大观念和主要问题,学生需要获得哪些所知(knowing)、所能(doing)、所成(being),即关键知识、技能与情意态度价值观。这些关键知识、技能与情意态度价值观主要是站在学期/学年或单元/模块层面来讲的。就实际而言,技能是知识的应用,它能促进学生更好地掌握知识,而知识与技能促进情意态度价值的形成,它们又是在一定情意态度价值观下实施的。本质上,知识、技能与情感态度价值相互依存,这是因为人的存在是触情存有的,它正如一条心弦,在各种不同际遇中震动着,在震动中发出各种不同的情感,人总是在他的际遇中震动着,没有完全彻底麻木不仁。[①]正是在际遇中,人的知识、技能与情感的合一性得到了充分的体现,这种关系可例示如下:

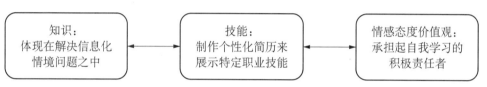

图 3.3 知识、技能与情意态度价值观的关系

要获得关键知识、技能与情意态度价值观需要具体化内容标准,具体化内容标准就是要解读内容标准,使得解读结果成为课堂教学与评价的目标。解读内容标准的过程实质上就是诠释文本的过程,其关键在于把握其基本内涵,并基于教学实际确定学习基础(即所知、所能、所成)。这些所知、所能、所成相当于我们习惯的三维目标,它们是以往教学的中心,不同于现在的地位——作为掌握大观念的学习要求的必要内容,或者说作为掌握学科核心素养或核心素养的必要内容。表 3.3 呈现了主要的内容标准解读步骤及其分析要点。

---

① 陈荣华.葛达玛诠释学与中国哲学的诠释[M].台北:明文书局,1998:287.

表 3.3 具体化内容标准的步骤及其要点

解读步骤	分析要点
呈现内容标准,理解其基本内涵	● 该内容字面上的基本含义是什么? ● 该内容标准在整个单元或模块中处于什么地位? ● 该内容标准与前后有关学科内容或概念有何关系?
揭示、拓展内容标准的基本内涵	● 教材或教参、国家或地方统考体现什么相关要求? ● 学习这条内容标准需要学生掌握哪些相关东西? ● 学生存在哪些典型的前概念或错误认识? ● 学习该内容标准需要什么学习方式? ● 该内容标准指向什么概念,又需要怎么样的认知要求? ● 学生一旦掌握了该内容标准,应该有什么样的表现? ● 这种表现具体应表现出什么样的水平? ● 通过习得该内容标准,学生将发展哪些情意态度价值观?
不断反思前述环节,通过对话形成解读结果	● 我的前述行动需要再回顾检查吗? ● 我的同事是怎么理解、解读该内容标准的? ● 我的看法和同事的看法一样吗? ● 我是否需要又如何修正我原来的解读结果? ● 解读结果有教学资源支持吗? 如果没有,怎么调整?

通过上述解读过程所得的结果是掌握大观念的学习要求的诉求,在次序上似乎落后于获取大观念及其学习要求。但从实际操作来看,上述解读内容标准的过程往往与从内容标准获得大观念及其学习要求的过程交织在一起的,有时也可以先进行上述解读,然后在此基础上再来获取大观念及其学习要求。解读内容标准得到的结果,在呈现方式上一般要明确行为主体、行为目标、行为动词、行为条件与表现程度:行为主体即学习者,行为目标描述的应是学生的行为;行为动词用以描述学生形成的可观察、可测量的具体行为,如写出、列出、认出、辨别、比较、对比、指明、绘制、解决、背诵等;行为条件是指影响学生产生学习结果的特定的限制或范围等,如"根据地图"、"看完全文后"等;表现程度指学生在目标上达到的最低表现水准,用以评量学习表现或学习结果达到的程度,如"至少写出 3 种解题方案"。借鉴表 3.3,可把《普通高中生物课程标准》的内容标准"说明细胞的分化"[1]解读为:"学生能解释分化的含义;能推断分化的特

---

[1] 中华人民共和国教育部.普通高中生物课程标准[M].北京:人民教育出版社,2004:34.

点;能扩展分化的意义;能区分分化程度与分化能力的差别。"

这种具体化内容标准的过程,需要教师运用多重依据进行诠释。除了基于自身教学经验外,教师还需要参考其他依据,如该内容标准条目在整体学科体系脉络下的纵、横向联系;教材、外部考试说明等资料;教学现场的需要与限制。参考、利用这些依据要求教师不断与文本对话,调整或修正自己的前见,要求教师不断对内容标准开展整体—部分的循环诠释活动。

从教学角度看,得到的具体化结果还需要作统筹安排,尤其是明确单课时或多课时层面的课堂目标,从而实现大观念的学习要求—主要问题—所知所能所成—课堂目标的联结。

为了便于理解,下面以物理核心素养"物理观念"为例加以说明。在高一阶段有关"运动与力"的教学中,教师可选择表3.4第一列的3条内容标准条目①,得到第二列的具体化结果。

表3.4 "运动与力"的内容标准条目及其具体化结果(节选)

内容标准条目	具体化结果
(1) 经历匀变速直线运动的实验研究过程,理解位移、速度和加速度,了解匀变速直线运动的规律,体会实验在自然规律中的运用。	通过匀变速直线运动的实验探究,能区分位移与路程,能用位移描述物体所处位置;能用多种表达式子和图像描述匀变速直线运动;通过加速度,求出物体运动量……
(2) 通过实验,理解力的合成与分解,知道共点力的平衡条件,区分矢量与标量,用力的合成与分解分析日常生活中的问题。	通过实验,知道合力与分力的关系,应用平行四边形法则求合力与分力;能说明矢量与标量的区别,并对它们进行正确的描述……
(3) 通过实验,探究加速度与物体质量、物体受力的关系。理解牛顿运动定律,用牛顿运动定律解释生活中的有关问题。	实验探究中能进行正确的操作,明确出力、质量、加速度的三者关系;理解牛顿三大定律的内涵及关系;通过加速度,求出物体运动量……

接着,教师可从中提取出本单元大观念"运动状态的改变",进而概括出单元的三个主题"应用匀变速直线运动规律"、"应用平行四边形法则求解合力与分力"、"应用牛顿运动定律",以及相应的大观念的学习要求与主要问题(见表3.5)。

---

① 中华人民共和国教育部.普通高中物理课程标准[M].北京:人民教育出版社,2003:12—13.

表 3.5　单元"运动与力"的主题、大观念及其学习要求与主要问题(节选)

单元主题	大观念及其学习要求、主要问题
应用匀变速直线运动规律	大观念的学习要求1：用多种方式描述匀变速直线运动…… 主要问题1：如何描述匀变速直线运动？……
应用平行四边形法则求解合力与分力	大观念的学习要求2：用平行四边形法则进行矢量运算…… 主要问题2：怎样求解力的合成与分解？……
应用牛顿运动定律	大观念的学习要求3：用加速度在运动学中的桥梁作用解决…… 主要问题3：怎样应用加速度求解相关相关物理量？……

再者,对于每个主题,可进一步确定大观念的学习要求所需的学习基础,以及在必要时再备课堂目标。例如,主题"应用匀变速直线运动"在知识与技能方面的学习基础内容包括：能区分位移与路程；能用位移描述物体所处位置；能用多种表达式子和图像描述匀变速直线运动……由于这部分学习基础已经比较清晰,而且所用课时不多,因此完全可以把所知、所能、所成作为课堂目标。

关于"运动与力"的单元目标发展历程,可用图 3.4 大致地加以描述,从而为单元课程教学所需的学习评价与学习活动设计提供总体指引。

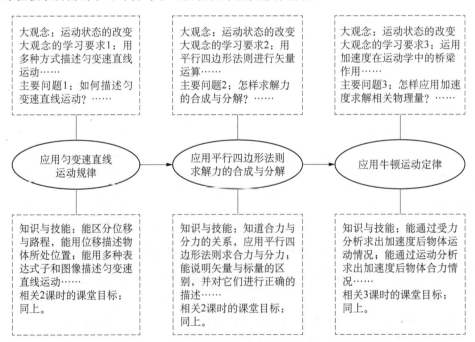

图 3.4　单元"运动与力"的教学目标设计(节选)

综上所述,理想上整个学段的教学应按照如下逻辑展开(见图3.5),其中的实线与虚线分别表示两种因素之间必然与可能发生的联结。在这当中,课堂目标所处层级最低,实践中,课程方案大多未必写出课堂目标,有时往往只写出不同的课时活动。为避免不必要的理解障碍,在下文中除非特别说明,我们把目标的层级主要定位至所知、所能、所成,因它容量大,往往需要分配至单课时或多课时课堂目标。

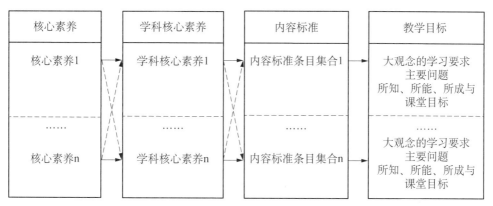

图 3.5　核心素养至教学目标的联结过程

四、目标确定的问与答

（一）核心素养至教学目标的联结过程是否适用于所有课程?

图3.5实质上是教师根据核心素养、学科核心素养、内容标准进行国家课程校本化的过程,它适用于学科课程的课程方案设计,但对于其他类型的课程并不合适。例如,第六章所示的学科拓展课程,其联结过程就不包括数学内容标准,因为该课程没有选择数学内容标准;第九章所示的超学科课程,也没有考虑学科核心素养和内容标准,它们都需重定课程目标。

因此,除学科课程以外的课程,它们的联结过程非常复杂多样,我们可大致用教师确定的课程目标来代替图3.5中的学科核心素养和内容标准。这里的课程指的是教师开发的课程,课程目标由教师自行决定,未必需要以国家规定的学科核心素养与内容标准为依据,此时可用课程目标来代替学科核心素养和/或内容标准,或者借鉴学科核心素养和/或内容标准。如果从目标层级的内在逻辑看,图3.5对应于学科课程,而对学科课程以外的课程,则可把该图目标层级中的学科核心素养与内容标准置换为教师自订的"课程目标"。在这种情况下,本书主要以此"课程目标"来定大观念,为教学提供大观念的学习要求。

(二)方案设计起点限于核心素养吗?

图3.5揭示了核心素养与教学目标的内在联结,也告诉我们以核心素养为起点设计方案的一种可能做法。结合阶段一涉及的要素,可用表3.6来描述其基本思考过程。

表3.6　学科课程的目标层级构成

阶段一:要到哪里去?		
既有目标:核心素养、学科核心素养、内容标准		
大观念的学习要求:		主要问题:
所知(Knowing):	所能(Doing):	所成(Being):

简要地说,我们可从核心素养开始思考它需要怎样的学科核心素养,接着选择相应的内容标准加以解读以获得大观念和主要问题,然后从所知、所能、所成确定掌握大观念学习要求所需的知识、技能与情感态度价值观,以及课堂目标。从实际情况看,有时未必要按照这样的顺序来完成目标层级的确定。例如,在表3.6中我们可以采取如下两大常见思路:(1)从学科核心素养开始,向上确定核心素养后,再选择与解读内容标准,然后确定大观念和主要问题,最后明确所知、所能、所成与课堂目标;或从学科核心素养开始,向下选择与解读内容标准,接着获得大观念和主要问题,进而明晰所知、所能、所成与课堂目标,最后确定核心素养;(2)从内容标准开始,解读出大观念和主要问题,接着向上确定学科核心素养和核心素养,最后明晰所知、所能、所成与课堂目标;或从内容标准开始,向下明晰所知、所能、所成与课堂目标,再向上抽象出大观念及主要学习问题,进而确定学科核心素养和核心素养。

上述思路主要针对的是学科课程,但校本课程目标层级的确定思路有所不同,因为校本课程的课程目标可以来自学科核心素养,也可以不是,而且学科内容标准可以为校本课程所用,也可以不被采用。总体上校本课程的目标层级构成与表3.6有所不同(见表3.7)。

表3.7 校本课程的目标层级构成

阶段一：要到哪里去？		
既有目标：包括核心素养,但不一定包括学科核心素养、内容标准		课程目标：
大观念的学习要求：		主要问题：
所知(Knowing)：	所能(Doing)：	所成(Being)：

在这种情况下,方案设计可以从核心素养或课程目标开始,尤其是那些直接以核心素养为课程目标的方案设计可直接从核心素养开始。此时,核心素养更为直接地面对课程设计者,而不像学科课程那样相对间接地面对课程设计者。鉴于课程设计的复杂性和实践性,确定目标层级的思路并无统一套路,上文提供的思路不过是一些常见做法。总之,最重要的是把所有要素联结在一起,让它们成为一个相互匹配的体系。

（三）何谓学科核心素养,它与核心素养有何关系,又与"双基"、"三维目标"有何关系？

顾名思义,学科核心素养乃立足于学科,意指通过某学科学习学生形成的关键能力、必备品格与价值观念,它是学科育人价值的集中体现,体现出学科对于教育目标的独特作用。在我国现有的教育背景中,学科课程标准研制、教材编写、学科教学与评价都要基于学科核心素养。上述的理解可进一步从三个方面加以阐述：一是学科核心素养具有学科性,具有独特的育人价值；二是学科核心素养源自学生身心发展的规律,不是随意规定的；三是学科核心素养需要通过学科教育才能被学生获得。

核心素养大致可分为两大类,一类是跨学科素养(cross-curricular competencies),如OECD的核心素养,一类是学科核心素养,如欧盟的八项核心素养分别涉及母语沟通、外语沟通、数学与基本的科学技术素养、信息素养、学会学习、公民与社会素养、创新精神与创业意识、文化意识与表达。细究之,前三项核心素养可包含于传统的学科课程"语、数、外",后五项核心素养则属于跨学科素养。我国提出的核心素养实质上为跨学科素养,而本书针对的就是这类核心素养。以下我们就把讨论范围限制于这一类核心素养。

从学科角度看,学科核心素养不仅具有学科独特性,还具有跨学科性。例如,高中物理核心素养包括物理观念、科学思维、科学探究、科学态度与责任,其中只有物理观念是属于物理学科的核心素养,因为对于后三者,化学或生物完全可能把它们纳入各自的学科核心素养。从跨学科角度看,核心素养是所有学科共同的核心素养,但学科是落实核心素养的重要载体,如数理学科群所包括的"数学"与"理科"除各自独有的学科核心素养成分外,都指向认知方略与问题解决力,它们直接与核心素养"科学精神"、"实践创新"对应。也就是说,学科核心素养也具有"跨学科性"。当然,一些核心素养未必需要通过学科教育才能被学生习得。学科核心素养与核心素养存在这样的关系:

一是下位概念与上位概念的关系。核心素养比教育目的更具体地描述了教育结果,可视为一种教育目标,为基础教育描述出想要培养的学生形象,是学校所有课程的指向。学科核心素养作为学科纲领性的目标,可视为学科目标,而要落实核心素养,学科核心素养自然需要核心素养的引领。因此,从概念层级看,学科核心素养和核心素养分别隶属不同的目标层级,学科核心素养是核心素养在学科中的体现或具体化,核心素养是各学科核心素养的提炼和抽象。换言之,核心素养与学科核心素养之间是共性与个性、抽象与具象的关系。

二是互为目的与手段的关系。在概念层级上,核心素养是上位概念,体现了基础教育的总体目标,它需要下位概念的实现才能得以落实。这种的下位概念离不开学科核心素养,因为核心素养需要通过各种课程才会落实,学科课程是重要的课程类型,而学科核心素养就是学科课程目标。从这个意义上讲,学科核心素养服务于核心素养这个总目标,成为核心素养的手段和途径,它的研制必须以核心素养为依据,它的落实必须体现或有助于核心素养的达成。对逻辑起点的考察也表明,这种目的与手段的关系并不是单向的,而是互为手段与目的的。如果把核心素养作为目的,为落实核心素养,学科核心素养可作为手段;如果把学科核心素养作为目的,为落实学科核心素养,核心素养也可作为手段。在很大程度上,学科核心素养与核心素养互为因果,它们之间手段与目的的关系可以依据实际而变化。

三是相互包含与相互促进的关系。在构成上,一些学科核心素养条目具有跨学科性,包含了本学科能够落实的部分或全部核心素养,例如"逻辑推理"是数学核心素养之一,而"科学精神"是核心素养之一,两者都含有理性思维、因果关系等含义。除此之外,学科核心素养还包括各学科独特的一些要求。以数学学科为例,数学核心素养中可能存在对于学科本身是重要的和关键的，而在学生的整体发展方面并非关键的核心素养。如数学中的几何直观，对于解决数学问题属于关键能力，可以作为数学的核心素养之一，但对于学生的一般发展未必是关键能力。[1] 可见，在内涵与外延上，学科核心素养与核心素养条目呈现出你中有我、我中有你的相互包含关系。这种相互包含的关系自然意味着，学科核心素养与核心素养之间存在着相互促进的关系。核心素养的发展会对学科核心素养的形成起到正向的推进作用，例如核心素养"科学精神"的发展自然会对数学核心素养"逻辑推理"的形成产生积极作用。反之，学科核心素养的形成也有助于促进核心素养的发展，例如数学核心素养"逻辑推理"的发展自然会对核心素养"科学精神"的形成产生积极作用。

四是超越机械相加与一一对应的关系。学科核心素养是核心素养的具体体现，但除此之外还包括学科的一些独特的素养要求。正因为这种学科的独特性存在，所有学科核心素养的相加并不等于核心素养。如果考虑到核心素养的培育，除了学科课程还包括其他许多非学科的教育和活动来完成的话，就能更容易明白那种把核心素养等同于学科核心素养机械相加的想法是错误的。学科核心素养与核心素养之间超越了一一对应的关系。这是因为一些核心素养条目未必只对应于某门学科核心素养条目，而是对应不同学科的核心素养条目，反之，一些核心素养条目也可能不只对应某条核心素养条目，而是对应若干条核心素养条目。可见，在思考学科核心素养与核心素养的关系时必须摒弃那种线性的思维。

就"双基"、"三维目标"、"学科核心素养"的关系来说，不妨先考察"双基"与"三维目标"的基本内涵及其关系。"双基"指的是基础知识与基本技能，而"三维目标"超越了基础知识与基本技能，还涉及过程与方法、情感态度价值观。从"双基"到"三维目标"体现了我国学科教育对于学科目标与人的关系的深入理解，是我国学科教育的重大发展。但"三维目标"还没有明确从整体教育培养目标角度思考学科目标对于培养一个人有何独特的贡献与作用，而学科核心素养恰恰回应了这个问题。具体说来，学科核心素养是在知识与技能、过程与方法、情感态度价值观上提炼或归纳而得，是对"三维目标"的进一步发展，以人的发展为旨向，而且学科核心素养的落实需要依托知

---

[1] 马云鹏.数学核心素养及其特征分析[J].小学教学(数学版),2017(1).

识与技能、过程与方法、情感态度价值观的落实。在一定程度上,从"双基"到"三维目标"再到"学科核心素养"显示了我国学科教育的发展。

(四)大观念源自学科范畴,一定来自内容标准吗?对于跨学科课程或超学科课程又应如何确定它们的大观念?

在学科范畴内,在教学层面需要校本化国家或地方规定的学习要求,教学过程应用大观念来组织与实施教学。大观念可以来自核心素养、学科核心素养所包含的概念或思想,这些概念或思想本身就具有足够的普适性。大观念也可以来自内容标准所包含的概念或思想,这些概念或思想本身就是学科"实体"内容。一般说来,在前一种情况下获得的大观念会比在后一种情况下获得的大观念来得抽象,二者都很重要,但本书主要聚焦在后一种情况。

除了学科,跨学科课程或超学科课程同样也可借鉴学科大观念的思想,建立起自己的大观念,以这些大观念的学习要求体现课程目标。获得这些"大观念"的一种常见方式是,把学科大观念作为整合课程的大观念,这是因为一些学科大观念本身可能就是跨学科的,如由科学与社会学科整合而成的课程中,"系统"是科学学科的大观念,可用于学习生物体、机械装置、太空星系等领域,但它同时也适用于社会学科,如用它来统整某个社区或社群的社会活动。另一种常见方式是,从跨学科课程或超学科课程的课程目标中提炼出若干"大观念"。例如第八章呈现的跨学科课程"爱的旅行"整合了语文、音乐、美术、信息技术等学科,其课程目标定位于"学生能根据自己的兴趣、爱好与已有经验从日常生活中选取探究课题或问题,用有趣、有意义的探究活动及生动、活泼的形式,学习系统、全面地看问题,拓展思维的广度和深度;初步形成创新精神和实践能力;初步具备认识爱、理解爱、拥有感恩的心",就此可从中概括出"感恩意味心怀感激,乐意为他人做出奉献"作为该课程的大观念。当然,与这种方式思路不同的做法是,先想好课程的大观念,然后用大观念来构建课程体系,例如我们可用大观念的学习要求作为课程目标的参考,甚至直接当作课程目标,不过本书暂不讨论这样的做法。

(五)从学习角度看,核心素养、学科核心素养、内容标准、大观念的学习要求、主要问题,以及所知、所能、所成之间存在什么逻辑关系?

这种关系如图3.6所示,每一层目标的实现依托于下一层目标的实现。其中,核心素养和学科核心素养相对广泛,需要内容标准来承载;大观念主要源于内容标准,可被视为是由所知、所能、所成"抽象"而得的统整性目标,具有很强的学习迁移特征;理解与运用大观念意味着将其广泛地应用于其他情境。为此,学生必须探索主要问题;在探索主要问题过程中,学生将获得所知、所能、所成,它们是学生达到运用大观念的学习要求的基础,也是落实核心素养、学科核心素养/课程目标、内容标准更为具体的反映。

当然,会有人指出此处主要问题通常不是"目标",但是,主要问题强调课程设计的大观念,也强调学生通过探究才能习得大观念,它们会一再出现,而且不会有最终解决方案。因此,主要问题可视为学习目标的问题化表达。在知识形态上,知识除了体现于最终结果,也可以体现于过程之中,努力探究问题可作为适当的学习结果或目标。

图 3.6　各层面目标的内在逻辑:指向学科课程

(六) 如果不止于学科课程,各层面目标需要作怎样的调整?

虽然课程有着不同形态,如在分类上可以存在国家规定的学科课程、学校自行开发的校本课程,或者跨学科课程、超学科课程,但是它们在目标层级上的基本思路和构成上大体相同,无非在实际操作中重点考虑图 3.7 中的既有目标。这种情况非常复杂,确定目标系列完全取决于实际课程需要。例如一些校本课程可能是学科拓展课程,如果它们引入学科核心素养,就需要进一步考虑是否需要相应的内容标准;或者跨学科课程可能只选择了若干学科内容标准,而不需要考虑学科核心素养;又如超学科则可能完全不需要考虑学科核心素养和内容标准。但无论如何,这种既有目标中一定包括核心素养。

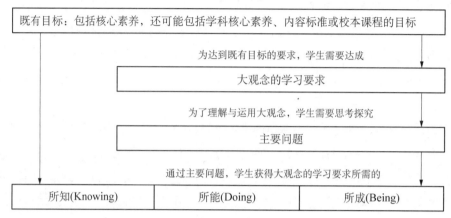

图 3.7　各层面目标的内在逻辑：指向一般课程

（七）在国家规定的学科课程中大观念的学习要求与单元/模块或学期/学年层面的教学目标有何关系？在教师自行开发的课程中，大观念的学习要求与课程目标有何关系？

国家规定课程是学校与教师必须实施的课程，其课程目标是教学的依据。在这种情况下，课程设计更多的是立足于微观教学层面，如第六章呈现的学科内整合课程实质上是在国家课程范围内进行校本化的课程方案设计，更接近于通俗理解的"规划怎么教"。但在广义上大课程的背景下，课程可包括教学，因此用"学科内课程整合"来描述这样的教学规划也是可以的。此时，大观念的学习要求可作为单元/模块或学期/学年总体教学目标，用于落实大观念的学习要求所需的所知、所能、所成，可视为落实这种总体教学目标需要的具体的教学目标。这些具体的教学目标包括知识、技能与情感态度价值观，成为实现大观念的学习要求的手段，同时也是课程教学的目的。

教师在自行开发课程时，可借鉴哈伦等人的大观念，即用大观念建构自己的课程目标体系。但由于这样的工作对普通教师而言是一项巨大的挑战，因此本书主要关注借鉴威金斯和麦格泰的大观念，即从"怎么教"层面利用大观念，更多细节可参考第二章。当然，对于自行开发课程来说，教师可通过专业判断确定课程目标的内容，然后从中思考教学组织所需的大观念及其主要问题。在这种情况下，大观念的学习要求往往体现在构成整个课程的各个单元教学目标之中。或许有人会问，那是否可用大观念的学习要求来代表课程目标?回答是肯定的,尤其在开发校本课程时这是一种非常有效的策略。在大的方向上它与本书涉及的课程整合思想和技术基本一致,但本书并不探讨这种情况,后续开发的案例并未涉及这方面的内容,而是主要把课程目标作为产生大观念的学习要求的来源。

(八)联结核心素养与教学目标涉及众多因素,主要发生在单元/模块或学期/学年层面的课程方案设计,个别单课教学方案(教案)也需要这些因素吗?

个别单课教案有时间限制,不一定能涵盖核心素养、学科核心素养、大观念、主要问题,因此未必包含这些因素,但无论如何教师必须谨记,该教案和更上位的单元/模块教学方案或学期/学年课程纲要的关系。如果用目标为线索来分析,不同层次课程方案呈现如下关系。学生核心素养贯穿于该学科或课程不同层次的课程方案,将学期/学年需要完成的学生核心素养最终落实到每一节课。粗略地看,学期/学年课程纲要由各个单元教学方案构成,而每个教学方案要则由各个教案组成,它们构成如图3.8所示的关系。这种关系其实要求教师具有课程规划意识和能力,并加以身体力行。

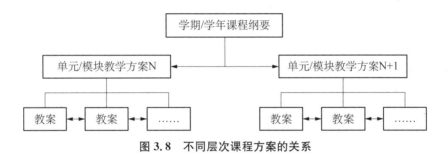

图3.8 不同层次课程方案的关系

(九)为了开展探究学习,实现问题解决的学习方式,课程设计了不同层次的问题,它们之间存在怎样的关系?

在课程设计中存在不同层次的问题,包括学期/学年层次的问题、单元/模块层次的问题、课时层次的问题。这些问题指向不同的目标,如前两者代表主要问题,指向学期/学年层次或单元/模块层次的教学目标,第三者代表课时问题,指向课堂目标。

这些问题承担着教学组织者的角色,为落实问题驱动的学习提供了可能。它们之间形成了问题链,即学期/学年层次的问题统领了单元/模块层次的问题,而单元/模块层次的问题统领了课时层次的问题。实践中,主要问题可以不止一个,每节课也未必都要设计课时问题。

（十）对于习惯于落实知识与技能的教师，他们该如何统筹安排核心素养的落实，避免出现零碎化的教学目标？

长期以来，我国教师习惯以知识点为单位开展教学。如果不从统领性的核心素养角度出发，这样的教学始于零碎化的教学目标，将极大地背离核心素养的整体性要求。因此，教师需要联结核心素养与教学目标，尤其要在课程中设计大观念、主要问题，实现目标的统整性，而不是聚焦于孤立化的目标。同时，教师需要有意识地设计学习统整性技能的活动或任务，这样的活动或任务是一种复杂行为表现，需要具备一系列能力和知识，而不是只关注具体的单独技能，它只是活动或任务的一个具体构成。就此，教师可设计情境问题，通过问题解决培养学生的综合素养。

由此，教师整体规划课程方案时，应不时地问自己：我要落实哪些核心素养？基于这样的核心素养需要选择哪些学科核心素养？分几个阶段落实学科核心素养？每阶段指向哪些学科核心素养？基于学科核心素养选择哪些适宜的内容标准？怎么解读内容标准以明晰其包含的大观念，进而为落实大观念的学习要求设计相应的主要问题？为理解与运用大观念，学生需要掌握哪些必要的教学目标，并为此安排哪些不同活动任务？整个研制过程怎样体现问题情境的作用？……只有明晰了这些基本问题，才有可能实现核心素养与教学目标的联结，也为后续评价设计与学习活动设计提供具体的指导方向。

第四章

设计评价:判断核心素养的实现情况

一旦我们联结了核心素养与教学目标,自然会追问一个问题:需要哪些证据来判断核心素养的落实情况?这实质上要求我们开展评价设计。本章将从核心素养的评价目的、评价内容、评价主体开始谈起,然后围绕表现性任务的研发、评分规则的制定两项关键技术探讨如何开展核心素养评价,最后以问答形式进一步明晰评价设计的内涵。

一、核心素养评价的 3W

所谓 3W 是 Why、What、Who 3 个单词首字母的简写,对应于核心素养评价则代表为何评价(Why)、评价什么(What)、谁来评价(Who),这三个方面正是了解核心素养评价的必要基础。

(一)为何评价

人类行动总有一定的意向性,开展核心素养评价同样需要教师明晰评价目的。评价目的可大致分为对学习的评价(Assessment of Learning)和促进学习的评价(Assessment for Learning)。对学习的评价往往用来确定学生的学习水平与状态,以此决定学生是否可以进入下一轮学习或者通过某种认证要求。我们经常提及的总结性评价,像中考、高考,或者在特定时间节点上教师用来总结学生是否达成学习目标的测试,都可归入对学习的评价之下。促进学习的评价则意图通过诊断学生学习,进而提供学习反馈,从而实现学习的增值。想想求学年代的作文本上语文老师那些一针见血的修改建议,我们就会明白促进学习的评价每天都在发生。要实现这种美好的目的,自然需要发挥评价的功能,而事实上良好的评价本身就是学习。

核心素养评价目的可指向对学习的评价,也可以指向促进学习的评价;可能指向问责认证,也可能指向改进教与学,或者促进学生的终身学习。如果需要了解教育现状,如把握或监视国家或地区教育总体质量,或是选拔人才,教育往往被等同于甄别工具,评价则被用于确定学生的学习状态,为学生学习认证提供一个客观依据。如果我们承认教育的至善在于促进学生的最优化发展,就有必要为每个学生提供适切的教育方式,评价尤其是课堂评价应以此为圭臬,实现评价促进学生学习的目的。这样的学习目的不仅关注学生实时表现的改进,也关注学生更长远的终身学习素养的发展。

（二）评价什么

核心素养是个类概念,评价核心素养往往需要通过评价具体课程进行。例如核心素养"实践创新"的子项"问题解决"所包含的要求为:"善于发现和提出问题;有解决问题的兴趣和热情;能依据特定情境和具体条件,选择制订合理解决方案;具有创新意识,能将创新理念生活化、实践化等",我们可选择高中物理内容标准"通过实验,探究加速度与物体质量、物体受力的关系。理解牛顿运动定律,用牛顿运动定律解释生活中的有关问题"[①]作为评价它的内容。实际上,"问题解决"的内涵非常宽泛,不仅《普通高中物理课程标准(实验)》中存在着众多匹配"问题解决"的内容标准,其他一些学科课程标准中也有类似内容。从迁移的角度看,如果学生能在不同领域或情境下有相应表现,就意味着他具备了"问题解决"素养。由于内容标准来自学科核心素养,因此在某种程度上可以说核心素养通过学科核心素养得以评价。

除去上述通过学科核心素养来评价核心素养,根据古登(J. Gordon)等人对欧盟27个成员国的研究,[②]核心素养的评价还存在另外三种典型做法。第一种类型是,具体地评价核心素养(原文为跨学科素养,实质为核心素养)。在该类型中,虽然课程乃根据学科或领域组织,但有关核心素养或类似的目标得到了明确的规定,在由这些学科或领域提供的不同情境下,评价具体地聚焦在学生对核心素养的理解和应用上。第二种类型是,模糊地评价核心素养。在该类型中,核心素养并未被明确地提出,而是通过原则性叙述,如目的、目标、主题等方式体现在课程中,在某种程度上核心素养的知识、技能与态度就包含在教育总体原则中。这些课程通常以学科或领域的形式组织,通过这些课程核心素养得到模糊的评价。第三种类型是,评价学科知识。这种只评价学科知识的类型仅仅局限于少数成员国中特定的教育阶段和地区,大大窄化了核心素

---

① 中华人民共和国教育部.普通高中物理课程标准(实验)[M].北京:人民教育出版社,2003:13.
② Gordon, J., Halász, G., Krawczyk, M., et al.. Key competences in Europe: Opening doors for lifelong learners across the school curriculum and teacher education [J]. Case Network Reports, 2009(0087).

养的内涵，不能以此开展核心素养评价。

显然，古登等人的分类是以学科为参照的，较适用于学科课程。而正如第三章所示，由于大观念的学习要求直接或间接地体现了学科核心素养，因此评价大观念的学习要求及其所知、所能、所成可视为学科核心素养评价的体现，或者说也评价了核心素养。本书第六、七章的评价主要采用以学科核心素养评价代替核心素养评价的方法。那么，对于非学科课程，又将如何评价核心素养？这大致可分为两大操作途径：一是该课程直接以核心素养为课程目标，例如中国学生发展核心素养中包含信息素养，一些信息类校本课程无论目标还是内容都直接对应该核心素养，评价这些课程目标自然也直接地评价了核心素养；二是该课程相对间接地以课程目标来体现核心素养，例如某烹饪校本课程目标间接地对应了核心素养，评价这些课程目标自然也间接地评价了核心素养。本书第八、九章的评价主要采纳了第一种操作途径。

与此同时，评价核心素养需要明晰其范围。例如上文的"问题解决"只是核心素养"实践创新"的一个子项，如果我们针对的是"实践创新"，甚至是所有六大核心素养，显然评价范围就大不相同。逻辑上，核心素养条目之间的评价关系包括三种情况，即整体评价所有核心素养、评价若干条核心素养、逐条评价核心素养。从构成看，核心素养评价不仅涉及知识技能，还涉及情意态度。相比知识与技能，情感态度价值观的评价更难实施，往往需要开展问卷调查、学生访谈等行动。操作上，核心素养评价可基于自身的特征设置相应的问题情境，先将评价知识与技能和评价情感态度价值观分开，以减低评价难度，等条件成熟后再整体地评价核心素养。尽管情感态度价值观的评价并不容易实施，但不能因其实施难度而被忽略，甚至被放弃，可运用档案袋、日常观察等评价手段，确保这方面的评价成为日常的专业活动。

（三）谁来评价

评价总有评价主体，不同的评价目的决定了评价者角色。在外部大规模考试中，学校教师和学生被排除于评价者位置之外，大多由政府或教育机构主持下召集的专家充当评价者角色。在学校课堂层面，教师和学生都可充当不同程度的评价者角色。不同评价者具有不同的性质，他有可能被视为一个客观的观察中立者，也有可能被视为一个带有个人主观意识的介入者，此时评价者和评价内容不可分离，评价者本人就是研究工具。

本书主要立足于课堂,核心素养的评价主体主要为教师和学生。在评价过程中,教师应尽量基于自身经验与专业判断考察学生表现,分析学生的得与失,进而提供反馈。同时教师也应认识到,学生是学习的第一负责人,发挥学生评价主体的作用。因此,为了促进学生承担起评价主体的角色,教师需要下放评价权利,创设课堂评价氛围,例如为学生自评与互评提供学习目标或评价标准,并给予技术上的指导与支持。

二、评价任务的研发:聚焦于表现性任务

核心素养评价总是借助于具体的运作方法与手段,需要我们选择合适的评价任务,在这方面,表现性任务具有独特的优势。

(一)需要什么证据?

在设计特定测验或评价任务之前,我们应像评价人员一样思考:需要哪些证据以发现核心素养的特点?回答这个问题首先需要我们对各类评价任务有所了解。总体上,除了那些观察与对话之类的非正式评价任务外,目前对正式评价任务的分类大致是一样的,只存在一些细节上的差异,下面列举两种典型观点。

依据阿特(J. Arter)和麦格泰(J. McTighe)的观点,评价任务可分为两大类:一是选择性反应任务,如选择题、是非题、匹配题、填空题、简答题;二是建构性反应任务,如表现性任务与传统的论述题。前者主要要求学生建构一个真实存在的成果(书面的、可视的)或者操作(如驾驶、演讲、团队合作、演奏乐器等)来表现他们对任务的理解和掌握程度。①

在林(R. L. Linn)和格兰伦(N. E. Gronlund)看来,评价任务可分为客观题和主观题。前者包括选择题、是非题、匹配题、简答题、解释性练习,其中解释性练习是由一系列基于同一资料的客观题组成,这些资料通常以书面材料或图表的形式呈现。后者则包括论述题、表现性任务,其中论述题包括限制性反应题(如,"请陈述越南战争和美国先前参加过的战争之间有哪些不同之处?")和扩展性反应论述题(如,"科学地评价哥

---

① [美]J. Arter, J. McTighe. 课堂教学评分规则[M]. 促进教师发展与学生成长的评价研究项目组,译. 北京:中国轻工业出版社,2005:2—3.

白尼的太阳系理论,请用科学观察支持自己的陈述。");表现性任务包括限制性的表现性任务(如,用法语大声询问去火车站的方向)和扩展性表现性任务(如,准备一个演讲劝说人们采取保护环境的行动)。①

上述两种观点的区别在于第二种观点多出了一种解释性练习,它并无统一格式,主要由是非题、选择题、匹配题组合构成。实质上,选择性反应任务与建构性反应任务之间的区分也并不是绝对的。例如一些要求做出非常简单回答的简答题可能更接近选择性反应任务,而一些要求做出相对复杂回答的简单题更接近建构性反应任务。表现性任务包括传统的论述题、作文题、计算题、作图题,四位学者无非是要强调表现性任务与传统选择性反应的区别,特意把论述题和表现性任务区分开来。

本书认为,除了评分,选择性反应任务不是完全"客观的"。它从产生到发展都存在主观因素——应该包括什么内容?应该问什么问题?如何表述这些问题?应该设置什么样的错误答案?从考察学习目标的角度看,最为关键的是为学习目标选择合适的评价任务,以便达成评价目的。如果需要了解学生的思维过程,那么选择表现性任务更为合适;如果不需要了解学生的思维过程,选择题也可以考察学生的推理能力。从学生行为表现的程度看,各类题型之间构成如下的一个发展连续体。②

   选择性反应   建构性反应

匹配题
是非题 填空题 简答题 解释性练习 表现性任务 (论述题、写作题、计算题、作图题、实验操作等)
选择题

  选择答案   建构答案

图 4.1 正式评价任务的连续体

---

① [美]Robert L. Linn, Norman E. Gronlund. 教学中的测验与评价[M]. 促进教师发展与学生成长的评价研究项目组,译. 北京:中国轻工业出版社,2005:2—3.
② 邵朝友. 促进学习的课堂评价:理论与实践[M]. 上海:上海交通大学出版社,2015:74.

参考各家[①]观点,表4.1从使用优点、局限两个方面综合比较选择题、是非题、匹配题、简答题、表现性任务。评价任务并无高低之分,各有适用范围,选择哪种评价任务取决于多种因素。这包括:评价任务必须与学习目标相一致;在允许的情况下,尽量设置一些真实性的问题情境。这是因为真实的情境更能体现学生解决问题的能力;基于实际情况选择题型。例如,虽然表现性任务能更好地体现学生的真实能力,展现学生的表现过程,但如果因其代价过高导致一些学生没有完成表现任务,那么必须更换为其他题型。

表4.1 不同正式评价任务的优点与局限之比较

题型	优　点	局　限
选择题	● 题意比是非题、简答题清晰明确; ● 适用于不同层次学习目标的评价; ● 具有诊断效果; ● 修改选项可以提高鉴别度或调整难度; ● 计分迅速、客观。	● 评价能力限于文字层次,较不适合评价数学、自然与生物科技领域的解决问题技能; ● 较难研制高品质题目,尤其是不容易命制具有诱答力的选项; ● 辨识答案,而非产生答案; ● 无法评价组织或发表观点的能力。
是非题	● 适合于评价易误解的信念; ● 适合评价辨识因果关系的概念; ● 较其他类型易于命题,且适合多数的教材内容; ● 计分迅速、客观。	● 作答最易受猜测因素影响; ● 通常仅能评价记忆或理解层次的学习结果,难以评价高层次的认知能力; ● 试题鉴别度较选择题差; ● 学生易形成偏"答对"或"答错"反应倾向; ● 命题欠佳时,易流于琐碎、误导或抹杀创意。
匹配题	● 可短期内评价大量相关的事实或概念; ● 计分迅速、客观。	● 难以评价高层次的认知能力; ● 寻找性质相同的事实或概念不易; ● 辨识答案,而非产生答案。
简答题	● 产生答案,不受猜测影响。	● 难以评价高层次的认知能力; ● 计分费时,较不客观。

---

① 李坤崇.认知情意技能教育目标分类及其在评量中的应用[M].台北:高等教育文化事业有限公司,2009:162—163.

续表

题型	优点	局限
表现性任务	● 对于校内外自然情境中的复杂表现的学习目标,可评价其实现情况; ● 可测量用其他方法无法测量的复杂的学习目标; ● 不仅能评价完成任务的结果,还能评价任务完成的过程; ● 体现了现代学习理论,把学生看做是意义建构的积极参与者。	● 计分费时,不客观; ● 计分标准较其他类型题目难以拟定; ● 题数较少,内容取样较不具代表性,可能造成教学效度的减低。

由于核心素养是一种综合性素养,包含丰富内涵,强调实作表现,因此表4.1中的表现性任务相比其他评价任务更适合用来评价核心素养。这是因为核心素养总是体现在具体情境之中,而表现性评价内含情境因素,因而可用来评价核心素养这样的复杂的目标。但这并不是说,其他类型的评价任务就无用武之地,毕竟核心素养落实需通过课程来实施,在大观念组织教学过程中一些较小单位的知识与技能的评价需要这些评价任务,而且从这些评价任务上获得的信息也可进一步用来判断核心素养落实情况,补充与验证其证据来源。

(二)表现性任务的研制

一般说来,设置表现性任务时,必须遵守四个原则:一是,要求学生进行知识的建构,从而展现出某种实作或表现能力。二是,要求学生综合应用各种知识与技能解决问题,为此学生需要具备策略思维与知能。三是,要求学生展现出所要考察的表现过程与结果,这些表现过程和结果就是产生评价结果的证据所在。四是,要求任务本身应尽量真实,任务的背景、活动来自于生活,特别是学生熟悉的日常生活。

像其他观察任务的研制一样,表现性任务的设置也要遵守一定的步骤。综合各种相关的研究,可用图4.2描述表现性任务设置流程。[①]

---

① 邵朝友.促进学习的评价:理论与实践[M].上海:上海交通大学出版社,2015:93.引用时有适当修改。

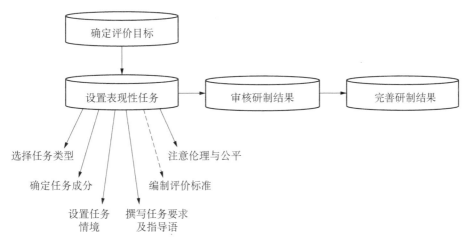

图 4.2 研制表现性任务的步骤

1. 确定评价目标

只有当研制者非常清晰评价目标,表现性任务的研制才有指向性。此处的关键是,确定评价目标指向的认知要求,以及评价目标对应的学科核心素养/子素养以及核心素养/子素养。假设有条内容标准为"学生能开展探索性实验'测量木块与木板动摩擦因数大小'",由于研制者事先比较清晰评价目标、对应的学科核心素养/子素养、核心素养/子素养、认知要求,因此可直接写出它们:

评价目标:正确理解、应用运动学公式及牛顿第二定律。

认知要求:布鲁姆目标分类(修订版)中的"创造"。[①]

学科核心素养/子素养:"科学探究"素养中的制定计划与设计实验、进行实验与收集数据、分析与论证、交流与合作……

核心素养/子素养:"实践创新"子项"问题解决"所包含的要求为"善于发现和提出问题;有解决问题的兴趣和热情;能依据特定情境和具体条件,选择制订合理解决方案;具有创新意识,能将创新理念生活化、实践化等"。

2. 设置表现性任务

评价目的与目标是从更大的范畴对表现性任务作出约定,具体包括:研制表现性

---

① [美]L·W·安德森,等.学习、教学和评估的分类学[M].皮连生,主译.上海:华东师范大学出版社,2007:28.

任务,需要考虑选择任务类型、确定任务成分、设置任务情境、撰写任务要求及指导语、编制评价标准、注意伦理与公平。

(1) 选择任务类型。表现性任务大致可归纳为三大类:简短的评价任务、事件性任务、持续性任务。简短的评价任务通常用来判断学生对某一知识领域的基本概念、程序、关系,以及思维技能的掌握情况,一般几分钟就可以完成。事件性任务是用来评价诸如流畅性和问题解决技能等更广泛的能力,经常让学生以团队或小组的方式来完成。持续性任务是一种长期、多目标的项目,在一个学期或一个学习单元的开始可能就被分配下来。通常在学生解决这些富有挑战性的任务时,教师会设计一些活动和里程碑式的事件来为他们提供支持。如对于上例,我们便可选择事件性任务。

(2) 确定任务成分。任务成分的选择需依据评价目标,然后思考如果学生掌握了评价目标将会有哪些表现。如对于上例,基于评价目标可确定学生必须具有如下表现:

运用公式、定律于具体情境;制定适切的实验方案;选择合适的实验仪器;能进行规范的操作;能处理好实验数据;撰写出规范的实验报告;两位学生之间表现出合作行为。

(3) 设置任务情境,即设计实施表现性任务的条件与场景。通俗地说,场景是指背景和活动,条件是指表现性任务实施的时间、地点及可能需要使用的设备等。

依表现性评价之本意,任务情境用以引出学生表现,以便获得推断学生是否具备相关能力的证据。选择与设计情境受评价目标制约,类似"问题解决"素养的评价目标通常要求任务背景和活动是真实的,来自于学生日常生活。因此,条件允许的话,任务应尽量真实。

任务条件同样服务于评价目标,如规定学生可以得到外界帮助就可能降低任务难度,但过度帮助有时反而会改变评价目标本身;反之,学生缺乏条件,可能没办法完成任务,评价就无法开展,进而导致评价目标成为摆设。一般说来,任务制定者需要考虑的因素可依据表4.2进行核查。[①]

---

① 邵朝友.促进学习的课堂评价:理论与实践[M].上海:上海交通大学出版社,2015:95.

表 4.2　确定表现性任务条件的核查清单

核 查 项 目	备注
学生是否有充分时间完成任务？	
学生在完成任务时,可以使用何种参考资料或设备,如字典、课本、上课笔记、电脑软件/电脑、计算器,或者其他设施、材料？	
是否向学生公布表现性任务的评价标准？	
在学生开始自由活动后,如何监控他们,尤其是如何保障他们的人身安全？	
当学生出现概念误解时,是否或怎样给他们提供过程性的反馈信息？	
学生在完成任务时,能否求助于同学、老师或专家？	
学生是独立完成任务还是小组合作完成任务？	

如对于上例,可设置如下任务条件:仪器包括一块木块、带有定滑轮的1米左右木板、砝码、弹簧秤、秒表;时间为2个课时80分钟;地点为物理实验室。

(4) 撰写任务要求及指导语。一旦确定任务成分、设置任务情境后,就可以把它们整合为表现性任务要求了。如对于上例,可设计如下任务要求:请设计一个实验方案,以小组合作的形式来测量木块与木板之间动摩擦因数的大小。你可选择如下仪器:一块木块、带有定滑轮的1米左右木板、砝码、弹簧秤、秒表,完成时间为2个课时。

指导语的作用是让学生完成任务,而不使粗心等不必要的因素影响学生表现。从评价目的看,指导语是为了让学生能有更好的表现。从评价目标来看,一旦评价目标确定了,要确保评价效度必须让学生明白任务,但不能提供答案提示,或故意设计陷阱,出现与评价目标无关的其他因素。如对于上例,可能涉及如下部分指导语:你需要研究实验原理,明确动摩擦因数大小计算式子的推理过程,并在实验报告中呈现出这部分内容。

(5) 编制评价标准,即设置区分学生表现的等级。在完成上述两个步骤后,评价任务制定者就要开发出指向任务所考察的学习目标的评分标准,它往往以评分规则的形式出现,可以直接告诉学生达成不同学习水平的各种表现。表 4.3 就是针对上例,从"实验原理和方法的理解"、"实验方案的设计"、"实验操作的规范程度"、"实验数据的处理"、"实验报告的撰写"等五个方面研制的评分规则。更为完整的评分规则还需为各种学习水平配置表现案例,而且案例最好多于一个,以免所有学生都去模仿那个单一案例。

表 4.3　测量木块与斜面动摩擦因数的评分规则（节选）

评价维度 \ 评价等级	A	B	C	D	E
实验原理和方法的理解	能依据动力学公式进行正确的推导，确定出要测量的动摩擦因数。		公式推导过程不严密，能明确出必须测量的动摩擦因数。		几乎没有任何公式推导，没有明确出测量的动摩擦因数。
实验方案的设计	实验方案全面完整，包括必要的要素。		实验方案基本完整，但缺少个别要素。		实验方案只有零星的内容，必要的要素残缺。
……	……		……		……

（6）注意伦理与公平，即考察任务是否对学生人身安全造成威胁，任务对每个学生是否公平。在一个多元文化的背景下，一些看似平常的事物都可能会伤害学生的自尊。这方面常见的问题有：任务带有歧视性语言；用不同的任务评价不同学生，而不同任务指向的评价目标不同；学生在焦虑、紧张甚至危险的情况下完成任务等。

3. 审核研制结果

完成上述各个步骤后，我们可将其加以整合以获得表现性任务。审核表现性任务需要检查：任务成分、任务情境、任务要求及指导语与评价目标的一致性；任务中的伦理与公平问题。表 4.4 提供了一个从任务成分、任务指导语、任务情境与评价目标的一致性等方面审核表现性任务的示例。

表 4.4　审核表现性任务的示例

评价目标
1.感知圆的周长与直径大小有关；2.感悟圆的周长与直径大小有关系；3.知道圆的周长是直径大小的 π 倍；4.解释圆与正方形周长公式的区别；5.计算圆的周长或直径的大小；6.解决与圆周长相关的简单问题。
数学思考题
观察下图，两只蚂蚁分别沿着正方形和圆形走一圈，谁走的路程远？想一想你是通过什么办法得出结论的。

续表

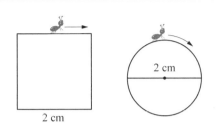

案例审核

总体分析：本题可分为四个部分，其中"观察下图"代表指导语；"两只蚂蚁分别沿着正方形和圆形走一圈"与图像代表任务情境；"谁走的路程远"、"为什么"代表任务成分。

分项分析：依据评价目标对任务成分、任务情境、指导语进行如上分析，可得到如下结果：
- 任务具体成分与第3、4、5条评价目标一致，与第6条目标部分匹配；
- 指导语撰写规范；
- 任务情境与被评价的三条目标比较吻合，但情境真实性有待完善，毕竟少见这样"无聊"或有"雅兴"玩正方形与圆形的蚂蚁。

改进路向：增设任务数量使之包含第1、2条评价目标；增加任务真实性使第6条评价目标得到充分评价。

4. 完善研制结果

最后，在应用表现性任务前，应重新审视将要使用的表现性任务，并对发现的不足作出相应调整。当任务被执行后，若发现新的问题，亦可重新修正任务。

三、评价标准的制定：聚焦于评分规则

学生达成学习目标的水平是不同的，不同的水平代表了不同学习质量。这反映在学生完成表现性任务的质量上。因此，要判断学生对目标的掌握程度，需要研制评价标准。核查表、简单分数、字母等级都是常见的评价标准，但它们不能提供丰富的学习信息，只能提供"对与错"之类的信息。促进学习的课堂评价应为学生提供一种描述详细的成功标准，为他们提供反馈信息，激发他们的学习兴趣。对于表现性任务，评分规则就是一种合适的评价工具。

(一) 评分规则的内涵

评分规则(scoring rubrics)的核心词是rubrics,来源于rubrica。Rubrica的原意为涂红之处或红色标志,指的是中世纪宗教用红色墨水笔书写的指导语或解说词。具体而言,在用于礼拜的文件中,有红色标志的赞美诗必须被唱颂,或表明有红色标志的某种宗教服务需要被执行,而在法律文件中,法典的标题通常也用红色标明。后来,rubrics被引申为简要、权威的准则。由于考察的视角不同,不同的人对评分规则的界定并不一致,但总体上我们可总结出评分规则的一些核心特征:评分规则是一种评价工具;评分规则是对学生应达成的目标的详细描述;评分规则应当提供表现程度或水平的描述;评分规则主要适用于对学生复杂表现和作品的评价;评分规则可以由专业人员开发,也可由教师自主开发;评分规则可用于教师教学,也可用于学生学习。

(二) 评分规则的类型与结构

按照评价的方式与指向性,评分规则可分为整体评分规则与分项评分规则、通用评分规则与特定任务评分规则。整体评分规则要求整体地描述和评价学生的不同表现水平,表4.5是一个典型例子。[1]

表4.5 静电的基本概念的整体评分规则

等级	描述
5	基本概念掌握扎实;术语使用正确;能识别重要原则。
4	理解了基本概念;大部分术语使用正确;能识别大部分重要原则。
3	初步掌握了基本概念;能正确使用一些术语;能做出一些推理。
2	大部分基本概念都没有掌握;很少应用相关术语;表现出较差的概括推理的能力。
1	没有理解基本概念;没有使用相关术语;没有显示出概括或推理的能力。

分项评分规则要求对学生表现的不同维度分别进行评分,例如表4.6就从"理解"、"技能/策略"、"行为/态度"三个维度来评价学生阅读水平。[2]

---

[1] [美]Gary D. Borich, Martin L. Tombari. 中小学教育评价[M]. 促进教师发展与学生成长的评价研究项目组,译. 北京:中国轻工业出版社,2004:196.

[2] [美]J. Arter, J. McTighe. 课堂教学评分规则[M]. 促进教师发展与学生成长的评价研究项目组,译. 北京:中国轻工业出版社,2005:106—109.

表 4.6　四年级阅读的分项评分规则(节选)

	水平 1	水平 2	水平 3	水平 4
理解	略	略	略	略
技能/策略	略	略	略	略
行为/态度	知道自己的阅读偏好;根据个人的水平来选择文章。	从读者的角度来思考和评价自我;为兴趣自发地阅读。	从读者的角度提出自身的问题并进行讨论;可能发现某一特殊的风俗,并去寻找这类主题的其他文章。	从读者的角度来进行自我分析;将书看作有价值的信息源。

这两种评分规则都有自己的优点和不足,实践中整体评分规则与分项评分规则的选择应根据实际问题进行抉择和使用(见表 4.7)。

表 4.7　整体评分规则与分项评分规则的优点与不足

整体评分规则	分项评分规则
适用情况 ● 评价简单的成果或表现——它们一般只指向一个重要因素,例如阅读的流畅性; ● 快速获得对总体水平或整体成绩的评定,通常在大范围内使用,以对大批学生的反应做出评估; ● 对成果或表现给出"印象分",如这篇文章的议论很深刻。	适用情况 ● 评价复杂的表现(如探究学习),它们通常包括几个重要的因素。借助这些细分的项目,评分者,如教师或学生,可以更迅速地找出评分的关键因素; ● 向学生、家长和教师提供更有针对性的信息或反馈,使他们了解学生表现中的优点和缺点。教师可以根据分项评估所提供的信息制定精确的教学目标。从教学角度看,学生了解了成果和表现的重要因素,所以分项评分规则也能帮助他们更好地把握什么是合格的成果,从而有利于学生进行自我评价或同伴互评。
不足之处 ● 缺乏对成果或表现的优点或缺点的详细描述; ● 整体评分规则不能向学生提供详尽的反馈,以指导他们下一步的行动。由于没有细致的描述,学生很难确切地知道自己应该如何改进,不能开展自我评价或同伴互评。	不足之处 ● 由于教师需要辨别更多的内容,所以更耗时; ● 因为要同时考虑几个要素,评分者的一致性往往较低,因此在大范围的评价时,考虑到效率和可信度的要求,分项评分规则可能并不适用; ● 把没包括在评分规则中的"正确"答案判错。

依据评价的指向性/范围,评分规则又可分为通用评分规则和特定任务评分规则。通用评分规则是指评分规则在相似的任务中通用,这些任务尽管内容不同,考察的目标是一样的,如表4.6中的分项评分规则可使用于四年级所有类型的阅读评价。特定任务评分规则只能应用于某种特定任务,如表4.8[①]的分项评分规则只适用于学生奥运会的任务。

表4.8 关于学生奥运会的表现性任务及其评分规则

任务:孩子们观看了电视上的奥运会节目后,决定举办他们自己的奥运会。他们决定设立3个比赛项目——投掷飞盘、举重、50米跑。他们希望3个比赛项目占有相同的分值比重。孩子们在各项比赛中的成绩如下表:

选手	投掷飞盘	举重	50米跑
乔	40码	205磅	9.5秒
乔斯	30码	170磅	8.0秒
基姆	45码	130磅	9.0秒
莎拉	28码	120磅	7.6秒
扎比	48码	140磅	8.3秒

(a)谁是最后的总冠军?(b)请详细地解释你决定谁是总冠军的依据。
评定准则
4=对孩子们在各项赛事上的成绩进行正确地排名;指出扎比是总冠军。
3=试着排名,但赛跑项目的排名有误,没有指出谁是真正的胜利者。
2=指出总冠军或认为是平局,可以看出,评定者对解决数量比较的问题有所欠缺。
1=用无关、非量化的解释或者根本不解释,只是指出一个总冠军。
0=不回答。

相似的,通用评分规则和特定任务评分规则具有各自的适用范围与不足(见表4.9)。

---

① [美]J. Arter, J. McTighe.课堂教学评分规则[M].促进教师发展与学生成长的评价研究项目组,译.北京:中国轻工业出版社,2005:26.

表 4.9 通用评分规则与特定任务评分规则的优点与不足

通用评分规则	特定任务的评分规则
适用情况 ● 在教学中用于帮助学生理解合格的标准，发展应用评分规则的迁移能力； ● 学生不是全部完成同一任务；学生可以选择如何展示在特定技能或成果上的能力； ● 教师力图使不同班或年级的评价具有一致性。 不足之处 ● 学习起来比较耗时； ● 只想快速做出评价时，却耗用较长的时间； ● 有时当需要评价特定知识时，还要增加指向特定任务的因素。	适用情况 ● 评价效率比了解评价的内容更重要； ● 想知道学生是否掌握了特定的知识、方法或步骤； ● 评分的一致性是最重要的考虑因素。 不足之处 ● 不能提前告诉学生，因为这样会"泄露"答案； ● 必须为每项任务制定一个新的评分规则，这既耗时而且有时做不到； ● 使评分者失去思考能力——评分是自动化的程序； ● 把没包括在评分规则中的"正确"答案判错； ● 不能对合格的标准做出总的规定；只能大致解释一项特定任务的合格标准。

上述案例显示，评分规则结构包括评价内容、评价内容的各子要素、等级、每个子要素在不同等级中的描述语，更完整的评分规则还应包括附加的表现案例。

为了便于说明，我们不妨对照表 4.4，从中可发现评分规则的结构。

评价内容：静电的基本概念。

评价内容的子要素：理解静电概念；使用静电术语；识别静电重要原则。

等级/水平：5、4、3、2、1，或其他"高、中、低"等表达形式。

描述语：如"基本概念掌握扎实；术语使用正确；能识别重要原则"。

尽管此处没有呈现表现案例，但实质上它是非常重要的。这是基于以下理由：案例本身就是达到某种水平的表现，这些看得见、摸得着的例子能很好地为教师或学生提供参考依据；对不同表现的描述是运用语言的过程，由于不同的读者对同一话语的解读结果可能是不同的，而案例本身更具"事实"特征，从而有助于教师、学生对评分规则达成一致的理解。

（三）评分规则的开发程序

总体上，评分规则存在自上而下与自下而上两种开发思路。自上而下的开发思路具有演绎性质,它始于我们指向的概念框架。概念框架描述了我们需要评价的内容和表现。当学习目标已经相对明确地界定学习内容或表现要求时,选择自上而下的开发思路比较合适。

选择自上而下的开发思路,实质上就是依据内容标准或学习目标制定评分规则。鉴于特定任务评分规则的开发与通用评分规则的开发具有极大的相似性,无非前者需要结合具体的评价任务用具体的语言刻画不同水平的特征,因此下文主要围绕通用评分规则展开。具体研制通用评分规则时,自上而下的开发思路可遵循如下基本步骤展开(见表4.10)。

表 4.10　自上而下的评分规则开发思路

> **1. 明晰学习目标。** 这需要开发者描述出学习目标的要求,如对于网络协作学习,需要回答什么是网络协作学习、良好的网络协作学习具有哪些特质、不同表现水平的特征是怎么样的。又如,对于实验操作,除了立场鲜明的观点,还需要学生具备哪些优质表现。这些议题实质上要求教师明晰教学指向,确定学生需要表现出来的学习表现。
>
> **2. 确定评分维度与水平。** 依据需要选择评分规则的类型后,无论是整体评分规则还是分项评分规则的研制都需要架构出相应的各个维度的内容与表现水平数量。比如,对于科学问题解决评分规则,教师可思考可从哪几个维度来描述科学问题解决。例如"科学内容知识"是科学问题解决评分规则的一个组成维度,其要求是学生展现出对科学概念与规律的理解。然后思考在不同维度上,可分为几个水平等级来描述相应的学生学习表现。在这个环节上,还需注意所研制的评分规则是整体评分规则还是分项评分规则。如果是前者,则需把所有要素整合为一体,如果是后者,则需对不同维度加以描述。
>
> **3. 撰写各表现水平的特征。** 确定评分规则维度与水平后,需要描述各种表现水平的特征。例如,"问题解决过程展现出对物理概念与规律的理解"是科学问题解决的评分规则的一个维度,那么在描述某特定维度的各种表现水平时,其最高水平可能具体化为"问题解决过程展现出对距离、速度、时间关系的理解"。一般说来,教师可先撰写中间水平,然后据此描述更高水平或更低水平,从而形成一个表现水平的连续体。有时为了更好地说明各个要素各种水平的含义,有必要为每个水平配置案例,以便为学生提供更直观的说明。需要说明的是,为了避免学生模仿单一案例,在数量上,这样的案例应不少于两个。
>
> **4. 完善评分规则。** 评分规则研制并非一蹴而就,需要不断加以完善。在正式投入应用前,可以尝试用它来评价学生表现,从中发现存在的问题,并基于需要加以完善。例如,教师可以咨询几位学生是否明晰评分规则特定维度的含义,是否把握不同表现水平描述特征,存在哪些不甚清晰的地方或细节。当然,除了咨询学生,还可以咨询同一教研组的教师,听取他们的建议。如果可能的话,应以整个教研组为单位开发评分规则,形成统一使用的评分规则。

自下而上的开发思路始于学生的作品,由作品中构建出概念框架。与自上而下的开发思路一样,运用自下而上的开发思路同样也需要界定评价的内容和表现。在研制程序上,自下而上的开发思路至少需要包括如下步骤(见表4.11)。

表4.11　自下而上的评分规则开发思路

1. 收集学生作品。 这些学生作品必须与评分规则蕴含的表现要求相关,如果可能的话,这些作品最好来自不同的评价任务。这是因为评分规则反映的是学习目标包含的内容和表现要求,而不是任何特定任务本身的要求。否则,评分规则仅仅针对特定任务的具体要求,它是不能也无法推广至其他评价任务的。

2. 分组学生作品并明确依据。 以三等级水平为例,教师可把在第一步选取出的学生作业分为高、中、低三个水平组,并写下每份作业被分入某个水平组的理由。这种分类的理由一般不是学生作品的整齐性或形式,而是作品体现出来的达到学习目标的质量。当然,如果学生作品的整齐性或形式是学习目标,则可以此作为分组依据。

3. 写下分组学生表现作品的依据。 在上一步基础上,写下每份学生作品的分组依据。这种依据应尽量具体,例如"学生不能正确查找信息",而不是"学生不会解决问题",或者是"学生没有掌握问题解决的能力"。

4. 概括学生作品表现的维度。 把分组的依据总结为表现的维度或要素。把这些理由或依据归纳为维度,如人们在评定数学作业时,可能会从表达能力、问题解决/推理、数学理解和计算准确性四个维度来考虑,然后给每个维度下一个客观的定义。这些定义应该没有倾向性,只描述每个维度的本质,而不是好的表现,因为好的表现将包含于高水平的表现水平中。例如,可对"真实性"作如下定义:真实性反映了学生对自我反思过程的认真态度,标志着学生进行自我反思的自觉性、用心程度和真实度。而像下述的定义就存在倾向性:真实性就是学生自觉地学习,真正付出努力,非常诚实,真正努力地去进行自我反思。

5. 描述各个维度不同表现水平。 根据实际需要,确定出所需表现水平数量,描述出每种水平具体的表现要求。然后,找出与每个要素的各个评分点相对应的学生表现作为样例。例如根据各个维度的高、中、低表现水平的要求,分别找出最有代表性的学生作业。

6. 不断改进评分规则。

上述两种开发思路的关键在于确定评价任务中的维度与表现描述,无非自上而下开发思路更多的是先从确定维度入手,凭借教师的经验和专业判断事先就描述出不同的表现水平。自下而上开发思路是以学生作品或表现着手,依据学生的实际表现提炼出维度,并依据学生作业归纳出代表不同水平的表现要求。无论哪种开发思路,开发过程中教师必须对下述问题做出回答:

第一,指向什么学科核心素养、核心素养,有现成的内容标准参考吗?

第二,评分规则所评价的学习目标有哪些重要特征?

第三,区别学生在任务表现中的不足、可接受、优秀水平的特征是什么?

第四,学区或其他教育部门评价计划、国家课程专家小组、专业团体,是否有体现标准或准则的评分规则或课程框架的样例;在教师专业杂志、教师业务通讯、专业期刊或教材上,是否有相关建议?

第五,评分规则的开发是否基于实际情况,是否视具体情况而定;是否充分考虑了实效性,而不是固守按照思路?

下述案例就融合了上述两种思路。

(四)开发评分规则的案例

本案例主要针对高中物理素养"科学探究",它指向核心素养"实践创新"中的"问题解决"与"批判质疑",采取了"准确把握内容标准、确定评分维度与要素、确定各要素的不同表现特征、选择评分规则类型、进行等级描述、拟定评分规则、不断完善评分规则"的开发程序。下文以普通高中科学探究七要素中的"提出问题"为例,阐述其通用评分规则的开发过程。

环节一,准确把握内容标准。评分规则的制定者要准确地把握内容标准对科学探究学习的要求。《普通高中物理课程标准(2017年版)》就规定了高中物理探究学习中的"提出问题"是"科学探究"的组成部分[①],通过研读可确定出"提出问题"的要求,如表4.12。

表4.12 《普通高中物理课程标准(2017年版)》对"提出问题"的要求

科学探究要素	科学探究的基本要求
提出问题	能发现与物理相关的问题;从物理学的角度较明确地表达这些问题;认识发现问题和提出问题的意义。
猜想与假设	……
……	……

环节二,确定评分维度和要素。在清楚地把握课程标准后,制定者可以开始着手确定评分要素了。该要素在课程标准中的要求比较明确,无需进行具体化工作,可直接加以借鉴。相关要求如下:能发现与物理相关的问题;从物理学的角度较明确地表达这些问题;认识发现问题和提出问题的意义。通过解读课程标准,该要素可分为四个子要素:发现现象、表达疑问之处、用学科语言表达疑问、表述出证据。

---

① 中华人民共和国教育部.普通高中物理课程标准(2017年版)[M].北京:人民教育出版社,2017:5.

环节三,确定各要素的不同表现特征。 步骤1,收集学生的作品或研究学生的反应,分析学生的具体表现。收集要评价的学生作业与报告,通过对具有代表性的几十份作业和报告录像的分析,可发现提出问题能力较强的学生反应有一些共同的特点:能及时地发现物理现象中的问题,在课堂上或作业中清楚地表达出自己的疑问。而那些提出问题能力较差的学生反应也有一些共同的特点:提出的问题比较肤浅、表达问题含糊不清、不善于把问题与已学的知识相联系等。

步骤2,按照各子要素把学生表现分为不同的水平组。把学生各种表现分成高、中、低三个水平组,表4.13列出了不同水平组提出问题的不同表现特点。

表4.13 学生"提出问题"的不同水平的实际表现特点

高水平	及时发现物理现象;在作业与交流中清楚地说出自己的疑问;用物理语言/知识表达出疑问;清晰地描述出所提疑问的证据。
中水平	发现物理现象;呈现疑问时思路还有点模糊;能间断性地用物理语言/知识表达出疑问;比较模糊地描述出所提疑问的证据。
低水平	没有发现了物理现象,或只是发现局部现象,但没有形成疑问;没有用物理语言/知识表达疑问;也没让人看到所提的疑问证据。

环节四,选择评分规则类型。 本案例的意图是开发出"提出问题"的评分规则,并为学生确定自我评价与同伴互评提供简便易行的标准,因此选择了分项评分规则。如果是整体评分规则,则可把不同要素的表现加以整合。

环节五,进行等级描述。 等级表征是学生在特定维度或要素上成功或不成功的程度。如果教师十分熟悉学生的作业或记录下的活动过程,他们在开始阶段就可以拟订评分等级。如果情况相反,在试验期间,制定者要收集能代表学生高水平、中等水平和低水平表现的例子。然后,根据相关课程标准,对这些例子进行分析、归类。在对这些表现进行讨论并达成一致后,最终把各种表现分为不同的等级。

为了更清楚地对等级进行描述,量表中的一个分数点(有时也称为基准点)不但要包括对应的描述,还应提供表现案例,帮助其他人全面理解分数或等级的意义。这些不同水平表现的样例可以用书面或电子文本呈现,而对于操作过程则可用录像形式保存。用来例证某一水平的样例至少要有两个,以免所有学生都去模仿单一的样例。

环节六,拟订评分规则。依据上述步骤,我们可以制定出"提出问题"要素的评分规则。本量表采取国际通用的五点量表法,其中的"4"与"2"并没有列出具体的学生探究学习表现水平,这是因为量表本身并不能穷尽所有学生的表现水平。事实上,有些学生表现水平并不能单纯地被列进某个等级,具体评价时,评价者心里却清楚学生所达到的水平。

表 4.14 "提出问题"的分项评分规则

要素	子要素	5	4	3	2	1	得分
提出问题	发现现象	你及时准确地发现了现象		当其他同学发现后,你才感觉到现象;或在作业中较迟才提到发现现象		几乎看不出你有发现现象的表现	
	表达疑问之处	你在作业与交流中清楚地说出了自己的疑问		你呈现疑问时思路还有点模糊		你的表现表明你还没有形成疑问	
	用物理语言表达疑问	你能具体地用物理语言/知识表达出疑问		你能模糊地用物理语言/知识表达出疑问		你不能用物理语言/知识表达出疑问	
	表述出证据	你清晰地描述出了所提疑问的证据		你模糊地描述出了所提疑问的证据		你没让人看到所提疑问的证据	

环节七,不断完善评分规则。在实践中,评分规则的制定是一个反复修正、改善的过程。这是因为评分规则制定的依据在于学生的反应,而评价的变动常常导致学生反应的变动。因此,如果学生的反应发生了变化,评分规则也需要发生相应变化,有时甚至可在使用过程中针对发现的问题对评分规则做出较大的改动。另外,评分规则的修改最好征求学生的意见,特别是有关描述的措辞、呈现的形式。如果可能的话,让部分学生来评价评分规则,这不仅可使得评分规则更接近学情实际,也可使得评分规则的语言为学生熟悉的语言,呈现形式为学生喜欢的"界面"。

值得一提的是,上述所举例子更多的是始于内容标准,把它的评价作为间接评价核心素养。当然，有时作为始点的学习目标可以直接来自核心素养、学科核心素养，或者来自教学目标，而且教学目标有时未必源于学科核心素养与内容标准。无论哪种情况，评分规则的开发思路基本遵循上述自上而下与自下而上的思路，无非在一些细节上作出调整。

四、评价设计的问与答

（一）逆向设计中评价任务设计是阶段二的重要构成，这里的评价任务是否非得用表现性任务？在数量上，表现性任务和目标是否一定要一一对应？

原则上，由于学科核心素养、核心素养都是种综合性素养，对于这种"大"素养的评价尽量要采用表现性任务，而且这种表现性任务所包含的目标容量较大，否则极可能出现零碎化知识的评价。在一些单元/模块课程纲要中，学习目标相对较少，用少量的表现性任务来统整评价比较可行，在学期/学年课程纲要中，学习目标相对较多，用少量的表现性任务来统整评价比较困难，再增加一些其他类型的评价任务也是现实的做法。当然这并不是绝对的，需要权衡教学实际，问题的关键在于怎么有效地让评价与目标匹配，确保有充分的证据来说明学生达到学习目标的情况。

数量上，表现性目标未必和学习目标在数量上存在一一对应关系，可以是一个表现性任务对应若干条目标，甚至所有目标，例如一些课程甚至就用一个大的表现性任务贯穿整个学生学习历程，在不同的学习阶段要求学生完成表现性任务中某些阶段性任务。一般说来，表现性任务数量不宜过多，应统整尽可能多的学习目标，以实现目标的综合化。

（二）表现性任务可否改编自现有情境问题？如果可以，怎么操作比较可行？

从既有目标出发（如核心素养、学科核心素养/课程目标，或内容标准），是研制表现性任务的一个思考起点。但是这样的思路有个弊端，即难以找到对应的真实情境问题，而且一旦涉及跨学科整合或学科知识高度整合时，所设计的情境问题往往是不真实的。考虑到素养本身就是一种解决问题的行动，因此从现有的真实情境问题出发来研制表现性任务也是合理的。表4.15提供了一种思考框架，其应用没有固定的操作路径,需要教师结合现场教学资源和自身教学灵活而为。

表 4.15　改变情境问题为表现性任务的框架

情境问题实例	可用于评价什么学习目标?	与哪些内容标准或大观念有关?	适合什么学科核心素养/课程目标?	适合什么核心素养?	编写出表现性任务
实例 A1:	……	……	……	……	……
实例 A2:	……	……	……	……	……
……	……	……	……	……	……

（三）主要问题可用以架构课程教学,表现性任务乃用以收集学生学习的信息,可使用主要问题来产生表现性任务吗?

无论主要问题还是表现性任务都是为了落实目标,如果设计合理的话,表现性任务可以直接或间接地要求学生探究主要问题。而在某段教学时间内,主要问题或经由主要问题设计而得的探究活动或问题,完全可以通过处理变成表现性任务。也就说,此时探究活动与表现性任务是合一的,从而实现了学习与评价的合一。

主要问题一般数量为 2—5 个,我们完全可以事先直接从这些主要问题设计出表现性任务。例如假设某个课程单元有 3 个主要问题,其中一个是"为什么人们很难坚持做到正确的饮食?",可以为此设计一个及以上的表现性任务,如:(1)请调查你们三餐最常去的用餐地点以及用餐食物,并分析调查结果;(2)调查各种食物的营养价值,以比较其味道和对健康的益处。

（四）判断学生是否达到学科核心素养的要求,如果国家为此提供学科核心素养的表现水平,那么这些表现水平对课程评价有什么作用?

学科核心素养的表现水平大致有两种表现方式,一种是按照纵向上不同年级的要求来划分(见表 4.16),另一种是按照横向上特定年级或年段的要求来划分。目前我国学科核心素养主要以年段来制定表现水平,虽然就其展开评价对教师提出了极大的挑战,但教师,尤其是专业水平较高的教师,需要参考这些要求,尽量完成相应教学要求,或者力所能及地自行规划学科核心素养在不同年级上的要求,从而有层次有计划地落实学科核心素养。

表 4.16 "解决与数学相关的情境性问题"的表现水平：一个假想案例

水平 1	水平 2	水平 3
基于信息，学生能解决情境性问题，他们运用实物、图表、线段、字母或单词等各种表征方式寻找相关信息，并能提出 1—2 个步骤的解决办法，有时还能检验结果；运用数学基本语言以口头表达或书写形式解释解决办法。	学生能解决包含多种信息的情境性问题，针对这些信息能深思熟虑地选择表征方式，能预判解决结果，提出多步骤的解决办法，并检验解决过程与答案；运用准确的数学语言以口头表达或书面形式来加以解释。	学生能解决包含多种类型信息的问题，针对这些信息运用更适宜的表征方式，能预判解决结果，提出多步骤的解决办法，并迁移至相似的问题，他们能检验解决过程与答案；运用精确的数学语言以口头表达或书面形式来加以解释。

（五）评价核心素养时，情感态度价值观的评价比较困难，可否省略？

长期以来，我国学生学业成就评价主要关注零碎化的知识与技能，较少关注一些复杂的素养，更是忽略了情感态度价值观维度。然而，核心素养是种统整性素养，其评价指向综合性素养，不仅包括知识技能，也包括情感态度价值观。

从操作的角度看，评价核心素养时可先分开知识与技能的评价与情感态度价值观的评价，以便减低难度，等条件成熟后再整体地评价核心素养。在教师教育或中小学校本教研中加大档案袋、日常观察等质性评价工具方法的学习与培训，并在政策上规定相应考核措施，引导各类学校重视学生的情感态度价值观的发展，使得这方面的评价成为学校日常的专业活动。

（六）怎么确定评分规则的表现维度？

通常情况下，学习目标可分为不同维度，它们基本以名词或名词短语来表达。以一篇说明文为例，立场陈述、论题、组织、语气、句子结构、书写可被视为说明文要求的表现维度。明晰这些维度才能更好把握学习目标的要求，才可能研制出高质量的评分规则。确定具体的表现维度时，评分规则研制者需要考虑如下要求：

- 每个维度体现了学习目标或课程标准的要求；
- 对各个维度，教师和学生都能一致地理解它们；
- 每个维度都能代表表现要求的关键要素，它们是可观察的；
- 各个维度之间能清晰地加以区别；
- 所有维度共同描述了所要评价的学习目标的要求；

● 每个维度能被用于描述不同水平。

表现维度的规定并不是绝对的,通常情况下,表现维度在一定时间内还会继续被修改。例如,在科学实验中"无关变量"和"变量控制"可作为两个独立的表现维度。但当我们发现,随着学生在控制变量方面做得越来越熟练,他们识别无关变量的能力得到了更大的提高。只要花费时间是值得的,我们完全可以把这两个表现维度合并在一起。

（七）如何处理评分规则中诸如"充分的"、"适当的"等词语？

各种水平实质上构成了表现连续体,它们的各自特征必须可用描述性的语言来描述,而且不同水平之间的区别是清晰的,应以区分不同等级水平的关键特征来呈现,尽量少用表示程度或频次的副词,如非常、比较、基本、很少。但不可避免的是,在评分规则中经常会出现诸如"充分的"、"适当的"等词语。

当教师编制量表时,对于这些词语的选择必须以应用为基础。如果符合自己和学生的理解能力,任何一种应用这些词语的水平都是可接受的。如果学生不熟悉量表,那么这些词语就需要进一步具体化,甚至为它们下定义或制定标准。在处理这些问题时,还可利用学生作品对每个水平加以说明。另一个实用方法是,着力描述那些具体的、可观察的、可评价的内容。例如,为了判断一个档案袋是否能反映学生的反思性实践,我们可能会追问：在这些书面材料中有哪些具体的、可观察的特征促使我们得到这样的结论？

第五章

创设经验：促进核心素养更好地落实

在第三、四章我们探讨了"要到哪里去"和"怎么知道到哪里了"的问题，但完整的课程设计至少还需要我们回答"如何更好地到那里"。这个问题关系到如何为学生的学习创设经验，以便更好地促进学习。本章将先提出活动设计的基本诉求，然后论述活动的创设与组织，继而呈现并点评一位教师的实践案例，最后以问与答的形式澄清活动设计的若干难题。

一、活动设计的基本诉求

学习总是基于原有经验，通过改造经验得以发生。改造经验要求学生有所思、有所为，并在行动中有所悟、有所会。这实质上表明经验具有双重的意义，即作为名词的经验与作为动词的经验，两种经验相互依存、相互启发。教师的作用就在于综合考虑学生已有经验和学习目标创设、组织学习活动，即设计学习经验。请注意，在此我们没有强调"怎么教"，相反，我们强调"怎么学"，从学的角度看，"教学"只是众多学习活动之一。这样说并非含糊其词的语义转移，相反地，其反映的是，要成为更优秀的教师必须做到课程理念的转移——从关注自身怎么教转向关注学生怎么学，毕竟教是为了学。默塞尔(J. L. Mursell)更是直截了当地指出："教学的最佳定义可能是组织学习经验。"[1]

如果我们承认教师的决定性角色是设计正确的学习经验，那么如何设计指向核心素养的学习活动？在回答这个问题之前，我们先要明晰，学习活动设计有着怎样的基本诉求。本书认为，设计学习活动应该达到如下基本要求：

（一）体现学习即探究的理念

探究是人类的本能，从小我们就会提出许多"为什么"，回答"为什么"的过程就是探究的过程。这种基于问题出发的探究活动总能激发学生学习兴趣，促使他们主动思

---

[1] Mursell, J. L.. Successful teaching: Its psychological principles [J]. Language & Speech, 1997, 40: 249-276.

考,愿意投入更多的精力。在探究中,学生运用多种多样的方式来组织和分析他们获得的数据,将研究技能与知识掌握统合起来,在亲力亲为中获得更多的知识与技能,更好地提升自身的能力素养。一些开放性探究还鼓励发散性和创造性思维,强调分析、综合和评价等高阶思维技巧,而这些皆是终身学习所必需的。这些探究往往以问题的形式出现,有时一个单元的教学可能就是由几个主要问题以及若干子问题来实现探究的。

实践中,我们发现,有经验的教师总是努力创设适切的探究活动,以图吸引并维持学生的学习兴趣,促进学生运用已有经验开展富有深度与广度的探索或合作对话,反思、修正已有经验,建构自身知识体系,进而开展更优质的行动。关于这一点的理解,不妨套用课程先驱施瓦布(J. J. Schwab)的话——探究即学习,学习活动应体现探究性质。[1]

（二）活动与目标、评价构成有机整体

设计学习活动并不是孤立的,而是课程设计的一部分,在逆向设计中必须处理好它与目标和评价的关系。从整体的课程设计角度看,活动与目标、评价的关系表现为逆向设计三个阶段之间的关系：阶段一代表期望目标,阶段二乃基于目标设计评价以判断期望目标是否落实,阶段三开展落实期望目标的学习活动。三者构成的整体体现在各个方面,如在教学开始的第一节课上为学生提供学期或学年课程纲要,明示"学习导游图",设计相关活动之前通过评价获得学生的知识基础及典型前概念,在教学中期提供理解与运用大观念的学习活动,在教学结束前可用事先制定的表现性任务开展总结性评价,或由学生开展自我总结评价。

从局部的活动设计角度看,活动与目标、评价的关系表现为怎样处理特定时段的学习目标、学习活动、日常评价的关系：三者之间应该形成一体化的关系。例如,把日常评价中的作业批改作为正式的形成性评价来分析、反馈学生学习情况,为学生重新思考问题与修改答案提供机会,把评价活动作为学习活动,或是发挥非正式评价的作用,致力于学习与评价的融合。

---

[1] Schwab, J. J.. The teaching of science as inquiry [J]. Bulletin of the Atomic Scientists, 1958, 14(9): 374-379.

表 5.1 活动与目标、评价的关系

阶段一：要到哪里去？ 1. 核心素养 2. 学科核心素养/课程目标 3. 内容标准/其他目标 4. 大观念的理解与运用、主要问题 5. 所知、所能、所成(Knowing, Doing, Being) 阶段二：怎么知道到哪里了？ 1. 表现性任务 2. 其他证据	阶段三：怎么更好地到那里？ 在教学开始部分 1. 介绍学习主题，告知学生"要到哪里去"； 2. 诊断学生的知识基础及典型前概念。 在教学中期，提供 1. 激发学生学习兴趣的活动； 2. 促进学生理解运用大观念的活动； 3. 持续的形成性评价，促进学生重新思考与修改的机会。 在教学结束前，包括 1. 总体判断学习目标落实情况； 2. 学生开展自我总结评价。

（三）以主要问题统领学习活动

正如雅各布斯(H. H-Jacobs)所言，如果课程是围绕问题而设计的，那么学生会清晰地感到你正和他们一起探索问题。[①] 主要问题的一大功能在于为实现问题解决的学习方式提供基础，我们可通过教学技巧帮助学生检验主要问题所含的大观念，帮助学生在更复杂的水平上进行思考，建构自身意义。作为大观念的学习要求的表现形式，主要问题的功能还不仅在此，它还能帮助我们在课程设计中架构学习活动。如果我们审视主要问题，就会理解为何它具有这样的功能。

要落实核心素养，大观念责无旁贷，而为理解与运用大观念的主要问题必不可少。主要问题就是伴随大观念出现，为大观念而创设的。一个问题要成为主要问题，必须具备多方面特征：对大观念及其内容产生真正的相关探究；提供深度思考、生动讨论、持续探究；要求学生考虑可供选择且又有分量的支持性证据，并验证答案；对大观念、假设、先前经验激发重大的即时思考；有意义地联结先前学习与个人经验；在新的情境中自然地进行知识迁移。[②] 从范围角度看，主要问题可分为概括式问题和主题式问题。前者指向超越细节的、更大的、可迁移的大观念。就实际而言，在建构概括式问题

---

① Hayes-Jacobs, H.. Mapping the big picture: Integrating curriculum and assessment, K-12 [M]. Alexandria, VA: Association for Supervision and Curriculum Development, 1997: 26.

② Wiggins, G.. What is an essential question? [EB/OL]. [2016 - 01 - 07]. http://www.authenticeducation.org/ae_bigideas/article.lasso?artid=53.

时,往往不会提到特定的主题、事件或具体文本,例如要求学生理解大观念"伟大文学作品的普遍主题是探究人性,帮助我们从自己的经验中获得洞见",可设置主要问题"科幻小说是伟大的文学作品吗?",但这一问题就不涉及特定科幻小说。后者则有具体学科或具体的主题,能建构学习单元,引导学生探究大观念和特定学科之内的程序。例如要求学生理解大观念"作者内心的表达手法",可设置主要问题"《故都的秋》是怎样体现作者的内心的?"。相比之下,前者更具有概括性、迁移性,后者更为具体化、主题化,二者都可用于表达大观念的学习要求,如何运用它们取决于教学实际需要。这种需要涉及了主要问题的两种目的——引导与开放。前者用于引导学生对大观念更深入的理解进行探究,教师提出这些问题为策略,以发现学生是否达到期望的学习目标。后者用于挑战学生对于一再出现、仍未解决的重要问题能更深入、更有创意地思考,教师提出这些问题为策略,以吸引学生像该领域的专家一样地思考。关于上述范围—目的的分类,表5.2勾勒出每个问题所具有的双重身份,采取哪种类型取决于教学实际需要。

表5.2 主要问题类型列表

关于目的	关于范围	
	概括式	主题式
开放	例如,在多大程度上,美国的历史是一部进步史?什么又是进步?	例如,美国国会在20世纪50—60年代可以如何更有效地保护少数民族的权利?
引导	例如,自立国以来,美国的民权有多大进步?	例如,民权运动有哪些决定性的关键时刻?

由于主要问题直指大观念,它包含了丰富的内容,要求学生完成的活动往往涉及包含众多技能的复杂的学习表现过程。这能很好地破除以知识与技能为单位的破碎化学习带来的弊端——很难产生知识体系,导致无法迁移应用知识与技能。而这些恰恰是学习核心素养这样的高阶素养所必需的。完全可以想象,一旦我们采取如下措施,将使得学习活动更加整体而连续,富有吸引力:

根据主要问题组织课程、科目、课程单元、各节课教学,使课程或教学内容聚焦于回答这些问题;预先设计明显联结到主要问题的评价任务,这些评价任务及评分规则用来澄清主要问题可接受的探究方式和期望的学生实际表现;使每个单元的主要问题数量合理(2—5个),符合少即多的原则,使学习清楚地聚焦在少数关键问题上;以学生语言描述主要问题,尽量使它们对特定学龄儿童产生吸引力,引发他们深入讨论的意愿;排序主要问题,并为每个主要问题设计特定的探索活动及相关的具体问题。①

（四）充分考虑活动实施条件

再美好的活动设想如果没有现实资源的支持,也将无法付之于实际行动。作为教师,我们需要基于教学现场考察活动实施条件,思考教学所需的资源是否可得。

实施条件覆盖范围甚广,包括教师自身的教学水平、教学风格、教学专长;学生学情,尤其是学习活动与学生已有经验的关系,无论一个活动能让学生产生多么大的惊奇感,如果它无法与学生已有经验发生联结,那也只能是一个无效活动,不能推进课堂教学;学校或社区的硬件与软件设施,如物质资源、人文地理资源、专业资源等。

实际上,这些条件之间存在着相互影响,例如学生学情可能会制约教师发挥自身教学风格,而贫瘠的社区资源可能就是导致学生"不会解决问题"的一大原因。因此,在某种程度上,我们甚至可以说学习活动是综合考虑各种实施条件的结果。

二、围绕主要问题创设与组织活动

完成学习目标确定、评价任务设置、教材处理等工作后,我们就要考虑如何使学生有更好的学习表现,即我们要设计怎样的学习活动才能使学生达成学习目标,甚至表现得更好。

（一）创设学习活动

明晰教学环节安排的基本问题后,在逆向教学设计中应如何创设并组织学习活动？我们首先要考虑学习活动的因素,然后依据必要的步骤创设学习活动,继而组织这些学习活动。

---

① [美]Grant Wiggins, Jay McTighe. 重理解的课程设计[M]. 赖丽珍,译. 台北:心理出版社,2008:137—138. 引用时有修改.

1. 考虑创设学习活动的必要因素

一般来说，一项独立的学习活动如基于问题/项目学习、参观/考察活动等，需要考虑的因素如表5.3所示。这些要素并非各自独立，在活动过程中，各要素之间是彼此联系的，因此我们要理解活动的系统性、一致性。

表5.3 活动因素及内涵

活动因素	具 体 内 涵
主要问题	考虑活动与主要问题的关联，无论活动是体现主题式主要问题，还是体现概括式主要问题的一个方面，活动都要在主要问题引导下加以设计。
学习主体	主要是针对学生原有认知水平、学习风格、个性特征等进行分析，这是学习活动设计的重要基点，也是体现以学生为中心的教育理念所需要的。
活动内容	活动内容的选择和组织是教学准备的基本工作，教材是活动内容的一个非常重要的来源。教师应熟悉教材内容，为学习活动任务的设计提供资源。
活动任务	学习活动设计的核心是设计活动任务，活动任务体现了学习活动的目标与内容。活动任务往往决定了学生的学习方式，如制作一个模型，就要求学生进行探究学习。
活动流程	为确保活动顺利开展，活动的开展需要一定的流程或程序。如果设计了多个活动，安排活动顺序是必不可少的。对此，教师要进行事先规划，必要时也可提前告诉学生。
活动组织	指人员组织和空间安排，即教师要确定组织学生的活动形式，以及活动座位的安排。
活动成果	活动结束后的"产品"，它的质量直接反映了学习活动的质量。如对于实验探究，学生往往要撰写实验报告，或者制作出某种模型。
活动时间	在特定的时间内，如学期或课堂时间，必须大致明确活动的总体时间长度，或每个活动环节的时间长度。
活动规则	为使活动顺利进行，有时需要制订某种"契约"。如对于小组合作学习，有时教师和学生，或者学生小组内部要制订一种合约。
活动工具	开展活动所需的一些器具，它是活动得以进行的一些物化载体。
活动对应的教学行为	在学生开展学习活动时，教师需明确自身所要采取的教学行为。

2. 创设学习活动的步骤

在主要问题统领下，学习活动的创设大致依循确定活动主题、创设活动情境、提出活动要求三个步骤,在这三个步骤中可依据需要整合上述学习活动涉及的各个因素。

(1) 确定活动主题。活动主题是活动任务的关键,贯穿于学习活动全过程。在具体要求上,它应体现以下特征:符合学生的兴趣;体现学科内容;具有开放性;必要时,还能体现学科内部或学科之间的整合性。

(2) 创设活动情境。活动情境由时间、空间、设备、人际互动等构成,为引导学生进入活动场景,需要对情境任务进行描述,使学习任务与学生经验产生有意义的关联,促进知识、技能和经验之间的联结。在操作上,创设活动情境需要注意以下要点:情境与活动主题一致;情境应最大限度地反映知识与技能在实际中应用的方式;情境应反映学生解决问题所需的认知策略;情境应是一个丰富的整体环境。

(3) 提出活动要求。具体活动要求主要包括学习活动过程和学习活动结果的要求。其中,活动过程的要求是指学生活动过程中必须要做的具体任务;活动结果的要求是指学生活动结束后要展示的具体学习成果。提出这些活动要求时,陈述的内容要清晰、明确,学生阅读后能清楚地知道活动过程中需要做什么,活动任务结束后需要完成什么。如果条件允许,应尽可能把学生完成这些活动要求的表现作为评价依据,从而实现评价活动与学习活动的一体化。

为便于理解,表5.4呈现了一个完整的探究活动。该案例在主要问题组织下,提出了活动主题,而活动时间、活动准备中的器材准备、活动安排、活动提示构成了整体活动情境,而活动要求主要体现在活动任务中。

表5.4 "自由落体运动规律"的探究活动设计

> **主要问题**:为何说自由落体运动是种匀变速直线运动?
> **活动主题**:自由落体运动规律。
> **活动任务**:请利用实验室提供的器材,通过探究完成一份研究报告,报告内容包括:1.自由落体运动的发现历程与感悟。2.自由落体运动的位移、速度和时间的关系,包括计算出自由落体运动的加速度的过程。
> **活动时间**:3个课时。
> **活动准备**:1.研究课程标准与教材,分解自由落体运动规律的知识要求,并设计每次活动与总体活动的评价标准。2.结合学生的学习经验及其他情况,事先对学生进行分组(2人为单位)。3.联系信息技术组,以便学生上网查询有关伽利略发现自由落体运动的历史。4.通知物理实验室准备器材:打点计时器;重锤;长约0.6米的纸带;刻度尺;铁架子;电源;导线若干;2张A4白纸。

续表

> **活动安排**：第一次活动内容是要求学生收集有关伽利略发现自由落体运动的资料,并要求学生写一篇活动感悟,活动方式包括上网检索、讨论等探究性活动,也包括写感悟等体验性活动。第二次活动内容是通过实验研究自由落体运动的规律,活动方式以实验操作、数据分析等探究性活动类型为主。第三次活动内容是全班汇报课,活动方式包括汇报、答辩、展览等探究性与体验性活动。
> **活动提示**：1.如何检索伽利略发现自由落体运动的历史? 2.怎样求打点纸带上某一点的瞬时速度?怎样研究物体做什么运动? 3.安装实验装置时,为什么要保持打点计时器和纸带垂直? 4.为什么要选取重力比较大的物体来拉动纸带运动?
> **活动总结与评价**：结合学生研究报告评价结果、学生自评和互评结果,教师确定学生本次探究活动的成绩。

（二）组织学习活动

设计学习活动后,自然需要考虑学习活动的组织。在逆向设计中,学习活动的组织需要围绕主要问题进行。主要问题指向理解与运用大观念,需要较长时间才能完成。在教学过程中,主要问题的实施往往由众多学习活动来实现。设计严密的教学需要这些活动按照一定秩序加以组织,它们之间构成有机的"活动网络"。图5.1提供了以某个主要问题组织学习活动的参考框架。

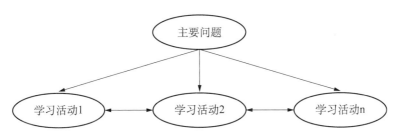

图 5.1 围绕主要问题组织学习活动的参考框架

学习活动之间所形成"活动网络",实质上是对主要问题的具体化。有时可把每个学习活动设置为研究问题,这些问题可视为主要问题的"子"问题,它们形成的问题链构成了相关学程内学生探究的问题。例如主要问题"怎么验证三角形任意两边之和大于第三边?"可具体化为预计耗时三节课的两大探究问题/学习活动："(1)给你三根小棒,你能围出一个三角形吗?(2)为什么有些小棒组合能围成三角形,有些组合不能?"例如,对问题(1)教师可为学生提供长10 cm、6 cm、5 cm、4 cm的四根小棒,引导学生进行动手操作;问题(2)则为引导学生在回答问题的过程中发现三角形三边的关系,需要学生对实验数据进行观察与反思。

主要问题以及各学习活动中的子问题的探究,也往往决定或影响了学习活动方式、座位安排、学习活动的先后次序安排、教师对学生的指导。具体说来,教师需要做到:

一是要考虑适合不同目标的学习活动方式。常见的学习活动方式有全班活动、分组活动和个别活动,学习目标的类型是选择活动方式的重要参考。例如,事实层次目标的学习,比较适合采用全班活动方式;社会性态度与合作技能的学习,比较适合采用分组活动方式。

二是要考虑对应不同学习活动方式的座位安排。不同的学习活动方式影响了学生活动空间的安排,其中教室座位安排是教师经常要考虑的事项。例如,全班集中听讲活动,比较合适采用秧田型座位安排;而对于小组活动,模块型座位安排是较好的选择。

三是要考虑学习活动的先后次序安排。一个课程单元往往由多个活动构成,教师需要进行统筹安排,使得活动之间形成具有一定条理的程序。这种条理化程序实质上要求教师明晰学习目标之间的关系。

四是要考虑如何在学习活动中指导学生。教师最好事先预料到学生学习活动中可能遇到的典型困难,为学生建立新旧知识之间的联系作好准备,因为学习乃建基于学生原有经验的基础上,教师是学生"解构"旧知识、"建构"新知识的促进者。现场及时指导也是很重要的,例如,对于低年段学生,教师有时可能需要直接指导学生的任务分工。表5.5为我们提供了一种思考框架。

表5.5 学习活动中教师所为的参考框架

组织学习活动	学习活动目标	学习活动的描述	学习活动中教师所为
活动1	呈现具体要求	● 学生与谁互动(教师;同学;教材;自己)? ● 学生怎么互动(如独立探究、合作探究)?	采取什么教学策略促进学生学习?
……	……	……	……

三、活动设计案例及评论

本案例由山东省乐陵市阜盛小学邢蕾老师与笔者合作研制,课程单元"万以上数的认识"适合于小学四年级学生,总课时为6个课时。课程设计采取逆向设计思路,采用《四年级上册数学教材(青岛版)》。鉴于活动设计与目标设计、评价设计密不可分,下文将简要地介绍相关背景信息。

（一）背景简介

(1) 内容标准解读:案例开发前期,邢蕾老师先初步解读了该单元涉及的两条内容标准:"在具体情境中,认识万以上的数,了解十进制计数法,会用万、亿为单位表示大数",以及"结合现实情境感受大数的意义,并能进行估计",从中得出本单元的大观念"数位的表示与数的估计",并为之设计了两个主要问题:"如何用十进制表示不同单位的数的大小?"以及"怎样对数字大小进行估计?"

(2) 教材与学情分析:本单元是在学生认识了万以内数的基础上进一步学习认识万以上的数。教材中呈现了万以上单位之间的换算关系、四舍五入、估算,以及相关应用的学习活动,总体上这些内容的学习先后次序是合适的,但一些学习内容还缺乏情境性,相关教学目标与教学课时的关系还需做进一步处理。这是认数范围的又一次扩展,对发展学生的数感,培养学生的估算意识具有重要的意义。在学习过程中,学生对万以上数的读写比较容易出错,特别是中间或末尾有0的数的读法、写法,也有少数学生把大数的改写与求近似数混淆。

(3) 确定掌握大观念的学习要求及其所需的知识基础:基于上述行动,确定出落实大观念的学习要求。该学习要求需要学生掌握的知识基础包括:(1)结合具体情境认识计数单位万、十万、百万、千万、亿,感受大数的意义,发展数感。了解十进制计数法;能正确地读、写万以上的数,会比较万以上数的大小。(2)会把整万、整亿的数改写成以"万"或"亿"作单位的数,体会用"万"或"亿"为单位计数的简捷性;在解决实际问题过程中,能对大数进行合理的估计。了解"四舍五入"法,会求一个数的近似数,体会"四舍五入"法在生活中的广泛应用。(3)能自觉与同伴交流,体会合作成功的乐趣。(4)明晰学科核心素养、核心素养:数学抽象、数学运算与问题解决。(5)开展评价设计：包括一次单元测试(40%),观察平时学生课中表现(10%),课后作业批改(40%),学生自我评价(10%)。

(二)活动方案及评论

表5.6呈现了本单元的活动设计及评论,其中活动序号以阿拉伯数字进行了编码,第四列的评论部分做出了总体评价。而这些活动与主题试图落实两个主要问题,即"如何用十进制表示不同单位的数的大小?"以及"怎样对数字大小进行估计?"

表5.6 "万以上数的认识"的活动方案及评论

课时目标	课时主题	活动设计	评论
● 学生知道计数单位"万"、"十万"、"百万"、"千万"和"亿"; ● 知道计数单位和数位的概念。正确说出数位顺序表及十进制计数法。	万以上数的认识 (1课时)	1. 借助以前学习的一十、一百、一千的数法和计数器,引出一万及十万的数法。通过身边实物(订书针)感知十万是多少; 2. 在认识十万的基础上,利用计数器继续数下去,认识百万、千万、亿等计数单位。感知一亿有多大; 3. 通过观察、探究数位顺序表,认识我国计数的习惯,知道数位与计数单位的区别、数级和十进制计数法。	1. 第一节课应尽量告知学生本单元目标、大观念、主要问题,为学生提供努力的方向; 2. 活动内容总体缺乏整合性,具有"一步一步拉着学生走"的痕迹,缺乏问题解决的学习方式,不少活动内容可以进行整合的,为学生探究提供更大的"问题空间",建议设计更加开放点活动; 3. 主要问题与16个活动之间的关系不够清晰,建议围绕两大主要问题设置课时活动或问题,完成活动后再回头探讨两大主要问题; 4. 第15、16两项活动脱离了本单元目标,也很难融入主要问题; 5. 最终单元测试和学生自我评价未得到体现; 6. 活动的生活化程度不够,建议设计一些不同生活情境问题,赋予数字以意义,如与长度、质量、面积、体积等有关实际问题;
● 利用知识的迁移规律,掌握万以上数的读法。	万以上数的读法 (1课时)	4. 出示几个万以内的数让学生去读,回顾万以内数的读法; 5. 通过小组合作探究情境图中横线上的数的读法,交流以后概括出万以上数的读法,尤其是每一级中间或末尾带0的大数的读法。(老师指导分级去读的方法)	

续表

课时目标	课时主题	活动设计	评论
● 在已有知识的基础上,掌握万以上数的写法,能根据数级正确地写出万以上的数。	万以上数的写法(1课时)	6. 利用计数器拨出情境图中自己喜欢的两、三个数,并试着独立写下; 7. 在组内交流、探讨万以上数的写法,并总结写法。(老师指导)	7. 每节课没有突出的中心问题,例如第10、11、12三项目活动过于繁杂,完全可以用一个整合性的活动或问题引导学生探究,建议为每节课设计一个主要探究性问题,明晰这些问题与两大主要问题的关系; 8. 鉴于以上评论,在必要内容上设计不少于2个课时的活动; 9. 总体上没有说出学习活动中,教师的行为,建议写下教师所作所为; 10. 没有计划如何从课后作业批改及个别化教学补救,这将导致无法监控学生学习情况,建议做些补充。
● 能比较熟练地掌握万以上数的大小比较方法。	万以上数的大小比较(1课时)	8. 出示情境图中的信息,学生提出数学问题:"哪个国家的陆地面积最大?哪个国家的陆地面积最小?"; 9. 自己试着利用万以内数的大小比较方法来比较万以上数的大小,然后在组内交流并总结方法。	
● 掌握改写成用"万"或"亿"作单位的数的方法,能够正确、熟练地进行改写。体会用"万"或"亿"作单位表示大数的简捷性。	用"万"或"亿"作单位表示数(1课时)	10. 学生快速读出: 19 600 000、70 000、33 000 000; 11. 出示"我国领土面积约九百六十万平方千米,2004年末全国总人口约十三亿。"的信息,要求学生写出信息中的两个大数; 12. 学生谈读写万以上大数的感受,然后围绕问题"能否有办法把它们改写一下,使读写起来更方便?"展开小组讨论。	

课时目标	课时主题	活动设计	评论
● 知道近似数的含义,并会用"四舍五入"方法求一个大数的近似数; ● 能对大数进行合理的估计。	求万以上数的近似数 (1课时)	13. 观察情境图,找出图中几组数有什么特点,并列举出生活中遇到的近似数,说出近似数的含义; 14. 学生自行解决问题:估计"11 030 大约是几万?178 680 000 大约是几亿?",然后通过小组合作的方式研究求一个数的近似数的方法。	
● 发现生活中的编码,了解不同编码蕴含的简单信息; ● 对简单活动的人员进行简单编码,体会编码的意义。	编码 (1课时)	15. 展示课前调查的身份证号码、邮政编码、电话号码、车牌号、门牌号等编码的信息,在老师的指导下解读编码; 16. 观察情境活动"对我们的考试编号进行编码",设计自己的考号。	

四、活动设计的问与答

(一)学习活动设计是否有特定的模式,需要教师思考哪些基本事项?

活动设计并无固定的任何学习模式,教学方法的选择受各种因素影响,例如学习目标、学生情况、教师教学风格、教学资源等等。活动设计的关键在于:学习活动适合帮助学生达到期望的结果吗?它会导致学生更专注更有效地学习重要概念吗?

因此教师需要思考:学生知道学习的方向吗?学生是否被教学吸引,专注于大观念的学习?学习方式是否通过充分的探究、实作来实现?学生是否有足够的机会根据及时反馈重新思考、演练、修正自己的学习,或者设定后续努力目标?是否尽可能地考虑了学生学习风格,开展因材施教?学习活动是否安排有序?事实上本章内容就是围绕这些方面展开的。

(二)围绕主要问题架构单元活动是落实核心素养的重要事项,如何以它来架构学习活动?

以主要问题来架构学习活动并无统一模式,但在原则上我们可以如此思考:这些主要问题的展开需要哪些教学目标为载体,这些教学目标的实现需要哪些学习活动?不同学习目标之间存在什么关系?具体运作时,还需要考虑主要问题的类型,通过各种类型搭配来组织学习活动。例如用概括式主要问题统领学习活动,用主题式主要问题展开具体课程内容的学习,用引导性主要问题吸引学生注意力,用开放性主要问题促进学生开展问题解决。

回顾最终设计结果,我们可以做出这样的反省:所有学习活动的目的能达成主要问题期望的学习目标吗?如果是,学习活动质量是否优化,学习活动数量是否简约?如果不是,又需要补充或增加哪些学习活动?如果我们愿意,甚至可以把主要问题分解为若干子问题,然后审视这些子问题与所有学习活动的对应关系。当然如此运作时,我们必须牢记在核心素养的学习中,主要问题和学习活动能促进学生整合性地学习。

(三)特定的大观念所对应的主要问题都是一样的吗?如果不是,如何促进学生理解与运用大观念?

确切地说,由于大观念是种比较概括的抽象思想或看法,适用于不同的内容情境,因此在结合特定主题的教学中,同一个大观念一般有着不同的主要问题。例如,大观念"能量守恒"在主题"机械能"与主题"能量转化"中有着不同的主要问题。

为了让学生理解与运用大观念,当学生开展适合于自身学龄的学习活动时,教师必须看出不同学习活动之间的关系,它们与一个或多个大观念的关系,让学生明白课堂所学的东西是如何与周围事物关联的,认识到自己所学的东西不是孤立的,而是形成一个相互联系的整体。如果不认识到这样的联系,不认识到概念的连贯性,知识将是碎片化的。因此,必要时教师要经常回顾所学内容,例如把不同主题下的主要问题并置,并让学生说出它们之间的关系,从而扩大学生的认知范围与深度,使得原来的概念不断"长大"。

（四）活动设计需要体现活动与评价的一致，是否可以对应每个活动设计一个评价任务来检测其效果，从而实现活动与评价之间的一致性？

首先，我们必须认识到这里的评价隶属形成性评价性质，未必如总结性评价那样"教了再评"。如果设计合理，我们完全可以把学习活动本身设计为评价活动，形成边学边评的课程实施形态。一些非正式的形成性评价能够很天然地达到这种形态，例如在与学生一起讨论问题时，教师给予学生现场的指点。

一些正式的形成性评价往往在学习活动告一段落后才得以执行，因此在活动结束后开展相应评价也是可行的。但在数量上，活动与评价未必一一对应，例如活动数量为三项，评价任务未必亦为三项。在此需要谨记的是，评价指向的目标应覆盖活动指向的学习目标，而且尽可能使评价数量少于活动数量，使学习目标得到综合评价。

（五）一些活动内容指向复杂的技能表现，包括众多技能，是否逐项地让学生学习单一技能就可以获得复杂的技能表现？

复杂的技能表现包括众多技能，许多教师主张在学生达成复杂表现之前，他们必须学习所有的基础技能，或者认为，缺乏经验的学生尚未做好执行复杂任务的准备。因此这些教师往往一项一项地教那些基础技能。这种局部—整体的学习方式并不管用，例如，训练学生篮球比赛技能，我们不会按照逻辑顺序教导学生所有的篮球规则与技巧，因为许多规则和技巧只有在整体背景下才能得到透彻理解。

可见，在学习复杂的技能时，可大致采取整体—部分—整体—部分不断循环的学习方式，这是我们获得理解及使用知识的方式。例如，在篮球方面，学生独自练习投篮、运球，做两人一组的对抗练习，然后进行控制下的同队练习（从部分到整体的学习方式）。根据整体表现结果的反馈，学生回顾反思演练部分逐项克服错误理解与错误动作（从整体到部分的学习方式）。有关这方面进一步的深入学习，有兴趣的读者可阅读相关诠释学著作。

（六）设计学习活动时，教材是重要的参考资料，那么怎么处理教材？

教材是学生重要的学习资源，能为学生提供固定的书面参考，而且具有一定的权威性。一些编写得较好的教材甚至可以直接拿来为教学所用。但总的说来，由于教材面向的是全国或地区，因此教师还是需要对教材进行情境化处理，以便吻合本班学生所需。

从"教教材"转向"用教材教"是教师的专业责任与专业性的体现。教师需要结合自己对核心素养、学科核心素养、课程标准的理解,学生的实际学习情况,学校的现实条件和学习目标,以及自身的教学特点等进行适当的加工与改进。具体运作时,可采用如下几种常见策略:(1)增,即新加内容,如补充材料或增加主题活动、实验操作等。(2)删,即删除重复的、不符合标准的、不必要的内容。(3)换,即更换不合适或不合理的内容。(4)合,即整合不同知识点或不同学科的内容。(5)立,即打破原来学科内容的次序,创立全新的框架结构。这些策略的运用使"教材"变成更适合学生学习的"学材",这正是教师专业品质的重要体现。

第二部分
案例开发

第一部分的五章从理论与技术角度论述了指向核心素养的逆向课程设计,第二部分将在此基础上进一步开发相关的核心素养课程方案以供读者参考。这部分共分四章,分别描述了不同形态的课程设计。第六、七章在学科范围内探讨课程设计,分别聚焦于学科课程单元与学科拓展课程的设计。第八、九章超越了学科范围,分别聚焦于跨学科课程与超学科课程的设计。前者围绕共同主题或概念进行学科间整合,后者主要借由学生提出问题、解决问题来实施,完全打破学科限制的整合。值得一提的是,如第二章所述,课程整合包含学科内整合、多学科整合、跨学科整合、超学科整合,鉴于多学科整合还不够"统整",此处暂不讨论多学科整合。

从整合角度看,通过大观念来架构核心素养的课程势必需要进行知识内容整合,无非是第六、七章立足于学科内容整合,而第八、九章则为大家不是很熟悉的课程类型,本质上它们都采取了课程整合的路径。下图呈现了各章的关键内容:

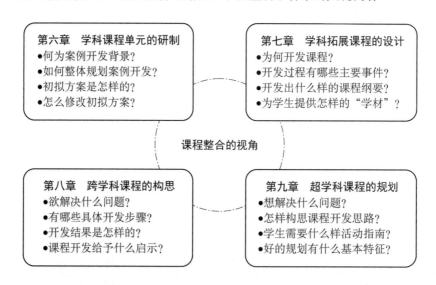

这四章没有统一模式,但基本上都涉及两大核心内容,即论述根据逆向设计思路获取课程纲要的开发过程,并呈现作为开发结果的课程纲要或教学方案。这些案例仅供读者参考,并非指定的套路,读者完全可以根据逆向设计开发出适合自身需要的核心素养课程方案。

第六章

学科课程单元"美丽的秋天"的研制

学科课程是落实核心素养的重要阵地,在当前我国分科课程设置的大背景下更是如此。作为教师日常专业行为,撰写课程方案体现了教师专业水平,也深刻影响着学生的发展。那么,如何撰写出高质量的指向核心素养的学科课程方案?本章将从案例开发背景、整体设计过程、审视设计过程、确定最终方案四个方面呈现语文教师李俊红的所思所为,希望该课程单元案例能为广大教师提供一定的借鉴。

一、案例开发背景

2015—2016年第二学期,山东省乐陵市阜盛小学开展了以"问题导向的教学"为主题的校本教研活动。① 时值教育部刚刚公布《中国学生发展核心素养》,学校有感于未来教育发展离不开这一重大教育决策,遂经讨论决定开展相关课题研究,意图提升教师专业素养,推进学校的持续发展。

主题活动"问题导向的教学"的一个重要目的,在于探讨如何在课堂上落实核心素养、学科核心素养。在该主题活动中,如何撰写课程方案乃讨论的焦点。会议上,与会者达成了一个基本共识,即核心素养是指向问题解决的素养,其学习离不开情境问题,也离不开学生的主动探索。由此,该校教师拉开了撰写课程方案的序幕。时任二年级语文学科教师李俊红,踊跃参与专业研讨,她选择人教版《语文》二年级上册第一单元"美丽的秋天"进行教学方案的撰写。

二、整体设计过程

案例开发伊始,李老师并不着急从核心素养着手,而是计划先对相应课程标准内

---

① 2016年2月,笔者与该学校进行了合作,为教师提供理论支持与实践指导,并一起开发了本案例。此处引用已征得教师同意。

容进行解读,然后开展学情分析与教材分析,依次确定学科核心素养、核心素养、大观念、主要问题及单元目标,接着在这些目标指引下开展评价设计,最后设计相关学习活动。

(一)课标分析

本单元对应的内容标准包括 5 条,分别涉及识字写字、阅读、口语交际、写话、综合性活动主题,相关解读结果如下:

表 6.1　课程标准的解读

主题	内容标准相关目标	目 标 解 读
识字写字	1. 能按笔顺规则用硬笔书写,注意间架结构。培养学生良好写字习惯,写字姿势要正确,书写要做到正确、规范、端正。学习独立识字。能借助汉语拼音认读汉字,学会用音序查字法和部首查字法查字典。	培养学生良好的书写习惯,书写做到规范,端正,整洁。注意生字的描红;培养学生主动识字的愿望和独立识字的能力。学会借助工具书识字;降低写字量,关注写字过程,培养写字基本功。
阅读	2. 培养学生用普通话正确、流利、有感情地朗读课文。	应用所识文字准确而投入地朗读课文。
口语交际	3. 努力了解讲话的主要内容。能复述自己感兴趣的情节。能较完整地讲述小故事。	培养学生倾听的习惯,为口语交际的表达过程——说话做准备。
写话	4. 在写话中乐于运用阅读和生活中学到的词语。	培养学生联系自己的生活进行写话,并在描写自己看到的事物时善于运用自己积累的词语。
综合性活动	5. 用口头或图文的方式表达自己的观察所得。热心参加校园或社区活动,用口头或图文的方式表达自己的见闻和想法。	让学生走进大自然,亲近大自然,通过实践产生对大自然的认识,并用口头或图文方式表达自己的认识。

(二)学情分析

学情分析主要从学生已具备的知识与技能以及存在的学习问题两大方面进行,相关五大模块的分析结果如表 6.2 所示:

表 6.2 学情分析

板块	已具备的知识及能力	存在的学习问题
识字写字	已经认识了常用汉字 800 个左右，会写的 300 个左右；掌握了汉字的基本笔画和常用的偏旁部首；已初步养成良好的写字习惯，写字姿势有的学生做到正确，书写能初步做到规范、端正、整洁；已学会汉语拼音。	学生们已经掌握了拼音，但还未养成借助拼音进行自主识字的习惯，还不能辨别有些易错的生字，写字时部分学生未能掌握正确的笔顺。
阅读	已会用普通话正确地朗读课文；会在阅读中积累词语；已会阅读浅显的童话、寓言、故事；已背诵了一些儿歌、儿童诗和浅显的古诗；已认识课文中常用的标点符号；已积累了一些自己喜欢的成语和格言警句。	很难做到有感情地朗读，在停顿与语气上还缺乏训练，未能学会抑扬顿挫地读课文。
写话	能写自己想说的话；已会使用逗号和句号。	多数学生能表达自己想说的话，但在字词、逗号、句号等运用还不熟练。
口语交际	已初步会讲普通话；能认真听别人讲话。	在口语交际中有些学生不放松、表达不自然。
综合性活动	结合语文学习，会观察大自然。	还不熟悉用口头或图文的方式表达自己的见闻和想法。

（三）教材分析

本单元教材内容十分丰富，以秋天为线索，又不局限于秋天的景色。学生可通过有感情的朗读，感受秋天的美好，领略大自然的美丽与神奇，体会美好的生活是勤劳的人们创造的。学习本单元文章能激发学生观察大自然的兴趣，要求教师引导学生注意观察秋天景物和气候特点，知道秋天是收获的季节；注意引导学生养成自主识字的习惯，引导学生按偏旁给熟字分类，提醒学生在识字、阅读的过程中，注意积累词汇；注意引导学生自主策划秋游，自己画秋天、写秋天，并动手用树叶制作书签、贺卡。

（四）确定学科核心素养及核心素养

结合学情分析、课标分析、教材分析，李老师确定了两项学科核心素养，即"语言建构与运用"、"审美鉴赏与创造"——两者分别含有语言学习所需的听说读写、对语言篇章的欣赏与写作之意。① 而它们对应于"人文底蕴"与"学会学习"两项核心素养——前者意味学生在学习、理解、运用人文领域知识与技能等方面所形成的基本能力、情感态度和价值取向，具体包括人文积淀、人文情怀和审美情趣等基本要点。后者含有乐善好学、勤于反思、信息意识，尤其信息意识正是本单元语文综合性学习所必需的。② 通过进一步的语义分析可发现，核心素养、学科核心素养、内容标准三者在认知要求、问题的复杂性、关涉的情意因素以及各个要素，在内在逻辑上是一致的。

（五）确定大观念的学习要求及其主要问题

根据上述分析，尤其是内容标准的分析，李老师将本单元的大观念确定为"美与表达"，其基本要求是用多种方式表达对秋天之美的感受。学生将通过探究主要问题"如何描述美丽的秋天"达成该基本要求。

（六）明确达成大观念的学习要求所需的知识基础

为了达成"美与表达"的学习要求，学生需要掌握更为具体的知识与技能：(1)通过学习有关秋天的课文，至少认识 55 个生字，会写其中的 43 个生字；(2)能准确、流利、有感情地朗读有关秋天的课文；(3)能自主通过网络或报刊，搜集体现秋天之美的好词美句，并写一段描述秋天之美的短文。

（七）评价设计

为判断该大观念的学习要求是否得以落实，教师进行了三个方面的评价设计：(1)针对大观念的学习要求设置任务及其评分规则；(2)针对上述三个方面的知识与技能要求设置表现性任务及其评分规则；(3)参考平时课堂上的表现、作业批改情况等信息进行评价。学生成绩来自两部分信息：一是学生在下述表 6.3(a)、表 6.3(b)表现性任务上的得分(70 分)；二是学生在课堂表现与作业表现上的得分(30 分)，具体评价标准见表 6.3(c)。

---

① 教育部学科核心素养测试综合组.普通高中各学科核心素养测试总报告[R].北京：中华人民共和国教育部,2016.
② 核心素养研究课题组.中国学生发展核心素[J].北京：中国教育学刊,2016(10)：1—3.

表 6.3　单元评价设计(a)

大观念的学习要求	表现性任务	评分规则		
		13—20 分	5—12 分	0—4 分
用多种方式表达对秋天的美的感受	1. 同学们,通过我们前一段的活动,请你用口头方式表达出对秋天的感受。	1. 流畅、有条理、有中心地用普通话讲出所见所闻; 2. 生动地表达出对秋天的感受。	1. 流畅地用普通话讲出所见所闻; 2. 表达出对秋天的感受。	1. 能用普通话讲出所见所闻; 2. 粗略地表达出对秋天的感受。
	2. 请你用小短文写出秋天的美丽。	1. 描述出秋天的一些景色,并说出个人的感受; 2. 短文完整,具有一定的吸引力; 3. 运用阅读和生活中学到的词语写话,合理运用逗号、句号、问号、感叹号。	1. 描述出秋天的一些景色,并说出个人的感受; 2. 短文较为完整; 3. 运用阅读和生活中所学词语进行写话,运用逗号、句号,出现一些错误。	1. 用极小篇幅描述出秋天的景色,说出些许个人的感受; 2. 短文不完整; 3. 运用所学词语、逗号、句号,但出现很多错误。

表 6.3　单元评价设计(b)

知识技能	表现性任务	评分规则		
		7—10 分	4—6 分	0—3 分
掌握用来描述秋天的相关 55 个生字,会写其中的 43 个生字	3. 同学们,请你通过预习卡完成这一单元生字的认认读读及书写,"我会认的生字"会注音会组词,"我会写的生字"能听写,至少组两个词。	1. 认识本单元的 55 个汉字,能给汉字正确注音,能随文识字; 2. 会写本单元的 43 个生字,能给汉字正确注音,做到规范、端正、整洁,每字至少组两个词;能正确听写。	1. 对本单元的 55 个生字进行注音时,出错的不能超过 5 个; 2. 对本单元 43 个会写的生字,给汉字正确注音,出错不能超过 4 个,每字至少组两个词;听写出错不能超过 4 个。	1. 对本单元的 55 个生字进行注音时,出错的不能超过 10 个; 2. 对本单元 43 个会写的生字,给汉字正确注音,出错不能超过 8 个,每字至少组两个词;听写出错不能超过 8 个。

续表

知识技能	表现性任务	评分规则		
		7—10分	4—6分	0—3分
准确、流利、有感情地朗读有关秋天的课文	4. 同学们，请朗读你选择的关于秋天的文章。朗读时做到准确、流利、有感情。	朗读时，普通话准确(还要做到不丢字、不添字)，流利(读得顺畅、不磕巴)，声情并茂，富有节奏。	朗读时，普通话准确(还要做到不丢字、不添字)，流利(读得顺畅、不磕巴)，但感情不够投入。	朗读时，普通话准确或基本准确，基本做到不丢字、不添字。
能搜集体现秋天的美丽的资料	5. 同学们，请去搜集和秋天有关的词语、诗词及文章等。	1. 所制定的观察秋天的计划可行，记录可行； 2. 搜集有关秋天的词语、诗词和文章，选择描写秋天的经典诗词进行背诵，熟读搜集的文章。	1. 所制定的观察秋天的计划可行，记录粗糙； 2. 搜集有关秋天的文章和诗词，整理好后能进行熟读。	1. 所制定的观察秋天的计划可行，记录粗糙； 2. 能搜集有关秋天的诗词和文章。

表6.3 单元评价设计(c)

评价项目	评价依据	评价主体	评分要求		分值
课堂表现(10分)	针对听讲、发言情况及小组合作学习参与情况进行综合评价。组长一天一汇总，跟踪记录，班级公示。	自评、互评、师评	参与度(5分)	1. 认真按教师要求完成任务；	0—2分
				2. 积极参与小组活动、展示。	0—3分
			达成度(5分)	1. 识记和理解达到80%以上；	0—2分
				2. 应用达到80%以上。	0—3分

续表

评价项目	评价依据	评价主体	评分要求		分值
作业表现（20分）	跟踪记录预习卡、摘抄、日记、调查等完成情况。每周两篇日记，两周一次写话练习，预习卡随教学进度，综合性活动随单元进度。对作业完成程度、上交时间、订正效果进行观察记录。	组评、师评	整洁度（8分）	1. 字体工整； 2. 字面整洁无涂改。	0—4分 0—4分
			完善度（6分）	1. 不空题，答题完整； 2. 答题详尽，主观答题字数达到要求。	0—2分 0—4分
			正确率（6分）	1. 答题正确率80%—100%； 2. 答题的正确率60%—80%。	0—2分 0—4分

（八）学习活动设计

单元教学注重学生能力表现，为此李老师在主要问题"如何描述美丽的秋天？"的引领下设计了五个学习问题，并用这五个问题来组织相关的学习活动，这些学习问题及其具体活动构成了整个单元大致的学习活动（见表6.4）。

表6.4 学习活动一览表

主要问题：如何描述美丽的秋天？		
主题	学习问题	具体活动
秋天的图画 （2课时）	问题1：你能搜集并掌握关于秋天的词语吗？	1. 通过预习卡及工具书识记课文的生字词； 2. 熟读课文并背诵课文； 3. 搜集关于秋天的四字词语。
黄山奇石 （2课时）	问题2：你能读懂有关大雁与黄山的资料吗？	1. 通过预习卡及工具书识记课文的生字词； 2. 熟读课文并背诵课文； 3. 搜集大雁及黄山的资料。
植物妈妈有办法 （2课时）	问题3：你能与大家分享种子传播的奥秘吗？	1. 通过预习卡及工具书识记课文的生字词； 2. 熟读课文并背诵课文； 3. 搜集种子传播的奥秘。
古诗两首 （2课时）	问题4：你能朗读描写秋天的一些诗吗？	1. 通过预习卡及工具书识记诗的生字； 2. 熟读课文并背诵古诗； 3. 搜集关于秋天的古诗词。
语文园地 （4课时）	问题5：你能说说、写写美丽的秋天吗？	走进大自然，进行口语交际和写作。

这五个问题之间彼此关联：识字写字一方面是为了语言积累，一方面是为了更好地朗读文章。这几篇文章都是描写秋天的，在朗读文章的过程中积累词语、句子及相关的描写方法为学生走进大自然、观察大自然、描述大自然做好准备。通过综合性活动学生走进大自然去观察美丽的秋天，通过观察进行口语交际，用语言来描述秋天的美学生可以在口语交际的基础上进行写话，用书面语言描述出美丽的秋天，感受到秋天的美，最终达到热爱大自然的目的；写话时学生可以运用积累的词语及句子。因此这五个问题环环相扣，最终实现主要问题的目标，即感受并表达大自然的美。

三、审视设计过程

按照平时撰写教学方案的习惯，上述整体设计过程的结果的组合就构成了教学方案的主体部分。但在拟定教学方案前，为慎重起见李老师重新思考了自己的所作所为，认为有几个方面还需要做点调整或修改。

一是，从谁的角度来呈现教学方案。一般说来，根据习惯教学方案大多为教师版本，在备课组内分享是没多大问题的。但是，这样的教学方案基本都是教师语言，没有从学生的角度来写。为了更好地让学生明确学习目标与评价任务，有必要呈现学生版本的教学方案。

二是，表现性任务的语言是否太生硬了。例如，表现性任务"同学们，请去搜集和秋天有关的词语、诗词及文章等"，看上去言简意赅，但是不够柔和，略显缺乏亲和力，因此有必要加以改进。显然改动结果"同学们，有许多描写美丽秋天的诗词及词语，通过朗读你会看到更加多彩的秋天，请去搜集和秋天有关的词语、诗词及文章等"，会比原句更受孩子喜欢。又如，表现性任务"请你用小短文写出秋天的美"，也存在类似问题，而且还没有进一步显示出完成该表现性任务时需要体现出的语文字词、标点符号等要求。可进一步把它完善为"同学们，秋天这么美丽，你能用小短文写出秋天的美吗？写小短文时，可别忘了用上学过的词语和标点符号哟。"

三是，评分规则的水平划分是否太含糊。一般说来，学生的表现非常多样化，太含糊的水平划分反而不好评分，有时像语文这样的学科的学习目标也不好太具体，否则很可能让知识碎片化，使得一些表现水平或等级无法与实际学生表现相一致。在具体与含糊之间要保持一定的平衡。例如，原等级水平"1. 所制定的观察秋天的计划可行，记录粗糙"其实很难用来评价学生表现,如果换成"1. 所制定的观察秋天的计划不可行,没有记录"将更容易用于评分。

四是,怎么让学生更加清楚单元整体学习进程。这除了与单元学习目标、评价设计等有关外,还需要把整体单元课程设计中的主要学习活动组织起来,并用简明扼要的表达方式让学生明白自己将参与的主要学习活动,形成学习路线图。在这方面可运用主要问题架构组织学习活动。

五是,如何将学习活动问题化。原来的学习活动,如"种子传播的奥秘",在表达上比较中性,缺乏对学生的邀请性。就此李老师打算用问题化的表述方式来代替平铺直叙的表达方式,以便突出活动的探究性,提升学生的学习兴趣。如对于上例,可用"问题3:你能与大家分享种子传播的奥秘吗?"加以取代。

四、确定最终方案

经过上述思考,李老师最终撰写出学生版教学方案,当然在撰写过程也做了多次细节修改。

"美丽的秋天"教学方案

▶课程类型:国家课程　　▶教学材料:人教版二年级《语文》上册第一单元
▶授课时间:12课时　　　▶授课教师:乐陵课程整合组　李俊红
▶授课对象:小学二年(1)班

小朋友,秋天来了!但你知道秋天在哪里吗?藏在田野上金灿灿果实里,躲在略显寒意的秋风中,写在你的眼睛里,印在你的心灵上……那么,这么美的秋天,你能说说你对"ta"的感受吗,写写你对"ta"的喜欢吗?本单元将会让你和美丽的秋天有个约会啰,希望你能更好地与大家分享你的感受与喜欢。

☺ **你要学会哪些本领**

这个单元我们的核心任务是用多种方式描述出你对秋天的美的感受,这可是个很重要的大本领呀。要描述出你对秋天的感受与喜欢,你还得学会这些小本领:(1)认识55个"我会认的生字",会写43个"我会写的生字";(2)正确、流利、有感情地朗读课文;(3)能搜集和秋天相关的资料。这些本领将会让你更好地运用语文、欣赏美好事物,进一步丰富你的心灵,帮助你学会如何学习。

☺ 你的成绩怎么认定

为判断你是否学会上面的那些本领,老师为所有小朋友设计了下面五个任务。第一张含有两个任务,它们在总分100分中占有40分,你将在单元学习结束时完成它们。

任务	评价标准		
	13—20分	5—12分	0—4分
1. 同学们,通过我们前一段的活动。请你用口头方式表达出对秋天的感受。	1. 你能流畅、有条理、有中心地用普通话讲出所见所闻; 2. 你生动地表达出了对秋天的感受。	1. 你能流畅地用普通话讲出所见所闻; 2. 你表达出了对秋天的感受。	1. 你能用普通话讲出所见所闻; 2. 你只粗略地表达了出对秋天的感受。
2. 同学们,秋天这么美丽,你能用小短文写出秋天的美吗?写小短文时,可别忘了用上学过的词语和标点符号哟。	1. 你能描述出秋天的一些景色,并说出你的感受; 2. 你的短文完整,很有吸引力; 3. 你运用阅读和生活中学到的词语写话,合理运用逗号、句号、问号、感叹号。	1. 你能描述出秋天的一些景色,并说出你的感受; 2. 你的短文较为完整; 3. 你运用阅读和生活中所学词语进行写话,运用逗号、句号,出现一些错误。	1. 你很少描述出秋天景色,只说出了一点点感受; 2. 你的短文很不完整; 3. 你运用所学词语、逗号、句号,但出现了很多错误。

第二张表含有剩下的三个任务,在学习过程中你可以参考表中的评价标准进行自我评价,或对其他小朋友的表现进行评价。在总分100分中,这部分成绩占30分。

任务	评分标准		
	7—10分	4—6分	0—3分
3. 同学们,请你通过预习卡完成这一单元生字的认认读读及书写,"我会认的生字"会注音会组词,"我会写的生字"能听写,至少组俩词。	1. 认识本单元的55个汉字,能给汉字正确注音,能随文识字; 2. 会写本单元的43个生字,能给汉字正确注音,做到规范、端正、整洁,每字至少组两个词;能正确听写。	1. 对本单元的55个生字进行注音时,出错的不能超过5个; 2. 对本单元43个会写的生字,给汉字正确注音,出错不能超过4个,每字至少组两个词,听写出错不能超过4个。	1. 对本单元的55个生字进行注音时,出错的不能超过10个; 2. 对本单元43个会写的生字,给汉字正确注音,出错不能超过8个,每字至少组两个词;听写出错不能超过8个。

续表

任务	评分标准		
	7—10 分	4—6 分	0—3 分
4. 同学们，请朗读你选择的关于秋天的文章。朗读时做到准确、流利、有感情。	朗读时普通话准确（还做到不丢字、不添字），流利（读得顺畅、不磕巴），声情并茂，富有节奏。	朗读时普通话准确（还做到不丢字、不添字），流利（读得顺畅、不磕巴），但感情不够投入。	朗读时普通话准确或基本准确，基本做到不丢字、不添字。
5. 同学们，请去搜集和秋天有关的词语、诗词及文章等。	1. 所制定的观察秋天的计划可行，记录详细； 2. 搜集有关秋天的词语、诗词和文章，选择描写秋天的经典诗词进行背诵，熟读搜集的文章。	1. 所制定的观察秋天的计划初步可行，记录粗糙； 2. 搜集有关秋天的文章和诗词，整理好后能进行熟读。	1. 所制定的观察秋天的计划不可行，没有记录； 2. 能搜集有关秋天的诗词和文章。

同时，100 分中的另外 30 分来自你平时课堂上的表现和作业完成情况，它们分别占 10 分和 20 分。你可参考下面的相关要求：

评价项目	评价依据	评价主体	评分要求		分值
课堂表现（10 分）	针对听讲、发言情况及小组合作学习参与情况进行综合评价。组长一天一汇总，跟踪记录，班级公示。	自评、互评、师评	参与度（5 分）	1. 认真按教师要求完成任务；	0—2 分
				2. 积极参与小组活动、展示。	0—3 分
			达成度（5 分）	1. 识记和理解达到 80% 以上；	0—2 分
				2. 应用达到 80% 以上。	0—3 分

续表

评价项目	评价依据	评价主体	评分要求		分值
作业表现（20分）	跟踪记录预习卡、摘抄、日记、调查等完成情况。每周两篇日记，两周一次写话练习，预习卡随教学进度，综合性活动随单元进度。对作业完成程度、上交时间、订正效果进行观察记录。	组评、师评	整洁度（8分）	1. 字体工整； 2. 字面整洁无涂改。	0—4分 0—4分
			完善度（6分）	1. 不空题，答题完整； 2. 答题详尽，主观答题字数达到要求。	0—2分 0—4分
			正确率（6分）	1. 答题正确率80%—100%； 2. 答题正确率60%—80%； 3. 答题正确率0%—60%。	5—6分 3—4分 0—2分

就是说，你的成绩＝五个评价任务（占70分）＋课堂表现（占10分）＋作业表现（占20分）。为了有更好的表现，可别忘了尽自己最大努力呀，加油加油！

☺ **你将参加哪些活动**

这个单元总共有12节课，老师为你设计了5个学习问题，围绕这5个问题你将参与一些更具体的学习活动。在活动过程中，你可以随时进行自我评价，或对同学的表现进行评价。

主要问题：如何描述美丽的秋天？		
主题	学习问题	具体活动
秋天的图画 （2课时）	问题1：你能收集并掌握和秋天有关的词语吗？	1. 通过预习卡及工具书识记课文的生字词； 2. 熟读课文并背诵课文； 3. 搜集关于秋天的四字词语。
黄山奇石 （2课时）	问题2：你能读懂大雁与黄山的资料吗？	1. 通过预习卡及工具书识记课文的生字词； 2. 熟读课文并背诵课文； 3. 搜集大雁及黄山的资料。
植物妈妈有办法 （2课时）	问题3：你能与大家分享种子传播的奥秘吗？	1. 通过预习卡及工具书识记课文的生字词； 2. 熟读课文并背诵课文； 3. 搜集种子传播的奥秘。

续表

主题	学习问题	具体活动
古诗两首 (2课时)	问题4：你能朗读描写秋天的一些诗吗？	1. 通过预习卡及工具书识记诗的生字； 2. 熟读课文并背诵古诗； 3. 搜集关于秋天的古诗词。
语文园地 (4课时)	问题5：你能说说、写写美丽的秋天吗？	走进大自然，进行口语交际和写作。

　　在这里，老师有个特别建议：希望你能经常想想"我怎样才能更好地描述出秋天的美呢？"当然了，在学习过程中，老师也会不时地提醒你这个事情的。另外，为了丰富你的学习，除了教材上的资料和老师补充的资料外，你也可以在爸爸妈妈的陪同下到新华书店找些你感兴趣的资料，或者在爸爸妈妈的指导下上网寻找关于秋天的诗词或文章。

　　最后，祝你在本单元的学习中做到尽心尽力，生动地描述出你对秋天的所见所闻，与大家分享你对秋天的感受与喜欢！

你的语文老师李俊红
2016年9月9日

第七章

学科拓展课程"经典计数问题"的设计

校本课程是学校教师专业自主权的重大体现,对于学生发展具有重大作用,在我国第八轮课程改革中受到了极大重视。近年来,浙江省正强力推进学校课程校本化,各中小学纷纷加大了校本课程开发的力度。本案例①系浙江省温州市平阳中学的校本课程,以下将从课程开发缘由、关键事件回顾、课程纲要呈现、自编教材节选共四个方面讲述自己的故事。

一、课程开发缘由

培养学生逻辑思维能力是数学课程的重要目标,组合计数是实现这种目标的最好载体之一。现行的人教版普通高中数学选修教材②中安排了计数原理模块,它由两个原理、排列组合、二项式定理构成,要求学生学会分类与分步策略,会应用排列数及组合数公式,解决一些简单的计数问题。但这些粗浅的组合知识无法发挥组合计数的教育价值。

另一方面,本校作为老牌的省重点高中,学生的知识基础都比较扎实,课堂上经常发生学生"吃不饱"的现象。不少学生希望学校开设一些能提高他们数学素养的课程。作为数学教师,邵梅生老师觉得极有必要满足学生这方面的需求。结合自身的专业特长,她选择了组合计数这块内容为新一届高二学生开设校本课程。

为发挥组合计数的重大教育价值,结合本校高二学生的认知水平,本课程从数学史的视角重新审视、挖掘、延伸教材中的计数问题。之所以要从数学史来架构课程,是因为18、19世纪是组合知识发展的最主要阶段,不同数学家提出的五个计数问题代表

---

① 本案例由邵梅生老师研制而成,开发过程中笔者提供了专业指导,与其共同开发了本案例。此处引用已征得教师同意。

② 中学数学课程教材研究中心,等.普通高中课程标准实验教科书,数学选修2—3(第三版)[M].北京:人民教育出版社,2009.

了这一时期的研究方向。这五个计数问题体现了计数思维的独特性和发散性,促进了大量数学知识的发展,具有很高的教育价值。

二、关键事件回顾

2016年暑假,基于已有认识和资料基础,本课程开始正式进入开发日程。在近三个月的时间内,回顾课程开发历程,下述几件事情甚为关键:

(一)明晰课程性质

"经典计数问题"系平阳中学的校本课程,隶属知识拓展类课程。本课程以现行人教版普通高中数学选修教材中的计数原理模块为基础,发展学生的逻辑思维能力,为学生进一步学习数学打下基础。

(二)明确目标层级

本课程旨在提高学生数学素养,聚焦于数学抽象、逻辑推理等数学核心素养,希望通过它们重点落实《中国学生发展核心素养》提出的"理性思维"与"问题解决"核心素养。基于这些思考,邵老师确定如下课程总目标:(1)了解基本的组合知识,理解核心计数方法;(2)解决有关计数的实际问题,学会数学抽象、逻辑推理;(3)理解计数问题的发展历程。

基于课程目标,可找出教学中所需的"数学化"与"数学史"两个大观念。所谓"数学化"是指用数学的方法观察世界,分析研究具体现象,并加以组织整理,以发现规律的过程。这种"数学化"表现在问题解决过程中,从学习心理学的角度来看,问题解决实际上是一个理解与运用"数学化"的过程。该过程包括三方面的要求:(1)把实际问题阐述为数学问题;(2)从具体过程中获得抽象概念;(3)通过问题解决过程实现知识在其他情境中的进一步应用。这三方面的要求实质构成了大观念"数学化"的学习要求。所谓的"数学史"是指数学发展历史,它描述了数学知识的进化历程,是理解数学的重要基础。"数学史"的学习要求是理解数学是人类探索的结果,数学发展意味着数学问题回答的推进。这两个大观念并不是孤立的,实际教学中"数学化"与"数学史"相互交织在一起。

为有效地提高组合计数中的理解与运用"数学化"、"数学史",本课程始终聚焦于三个主要问题的思考和解决,它们分别为:(1)能否从复杂的计数问题中识别出问题类型和性质?(2)如何借助对应转化思想把复杂问题简单化?(3)计数问题是如何发展的?

在这三大主要问题的统领下,邵老师选择了五个数学史上的计数名题,并按照解决问题的难度从低到高安排顺序,把它们相应地分配至每一章。这五个题依次是四色问题→伯努利-欧拉装错信封问题→选票问题→正整数的分拆问题→鲁卡斯的配偶夫妇问题,它们构成了一个学习进程。

为促进学生理解与运用"数学化"、"数学史"两个大观念,邵老师从"学生能知什么"、"学生能做什么"、"学生成为什么"三大方面确定出更为具体的学习要求。实际上,如下这些学习要求将随着学习过程的推进而被学生习得:

● 知道基本的组合知识和计数技能(分类分步和排列组合概念),理解线排列和圆排列概念,了解二者的内在联系。

● 了解五个经典计数问题的提出与解决过程,以及它们对数学发展的促进作用。

● 拓展并理解核心计数方法,如建立递推关系、利用反射原理、借助对应原理实现问题转化、运用容斥原理间接处理,巧用挡板法实现整数分拆;了解生成函数法。

● 体会计数策略的独特性,领略组合知识和不同知识存在的紧密联系。

● 能从数学史角度理解五个计数问题对数学发展的作用,拓宽数学视野。

● 体验数学家孜孜不倦研究数学的精神。

(三)进行评价设计

确定目标层级后,根据逆向设计思路开展了评价设计。这主要包括针对整个课程的终结性评价、每个单元的过程性评价任务。其中终结性评价题型为计算题,过程性评价任务包括课中呈现的例题与课后探究问题,都是适合教学目标的情境性问题(它们已被编码,如"问题1-1-1"表示第一章第一节第一题,可参考教材)。

具体评价时,采用多元考核评价方式,体现终结性评价与过程性评价相结合的理念:终结性评价占比40%,由完成课程学习后参加的学期测验成绩为准;过程性评价占比60%,相关的详细信息如表7.1所示。

表 7.1 "经典计数问题"的评价设计

姓名	自我评价	同伴评价	教师评价				总评价
			出勤次数	课堂表现	小组活动	作业完成	

说明：每一栏评价项目各占 10 分，总分 60 分

（四）组织教与学活动

结合目标层级和评价设计，组织教与学活动。总体上，本课程规划了五章，计划以"问题解决"为课程实施抓手设计教与学活动，即每章设计了一个核心探究问题（见图7.1），引导学生进行探究学习。

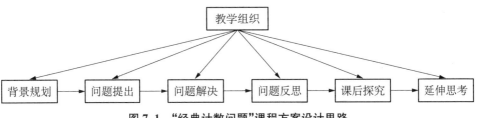

图 7.1 "经典计数问题"课程方案设计思路

每章围绕问题，开展"问题解决"学习，遵循"背景规划→问题提出→问题解决→问题反思→课后探究→延伸思考"的思路。教材编排同时也渗透了这种学习方式。

在教学过程中应力图实现"教—学—评"一体化，这表现在：课程内容安排尊重了学生学习的能动性，充分给予其思考的空间。问题解决过程鼓励学生独立思考与自主探索，通过设计文本框留下空白，以供学生进行个性化的思考。通过与参考答案对比，阅读教材内容，学生可进行自我评价。课后探究也经过精心设计，以评价相应知识的掌握程度。

（五）形成课程纲要

基于上述思考，邵老师初步形成了课程纲要，经过与同事及相关专家的讨论，进行

了4次修改,形成了下文所示的最终文本。

（六）完成教材编写

为便于学生更好地掌握本课程,邵老师基于学习目标特别制定了校本教材《经典的计数问题》。制定过程主要遵循如下两大原则：

过程取向：如果数学教材呈现的是"强调结果的静态数学知识",那么这种只重结果忽略过程的做法,将造成学生不了解课程生动的创造过程及其鲜活的思想精神。长此以往,学生容易形成思维定式,这样的学生不可能富有想象力与创造力。在数学素养的引导下,教材不再等同于数学知识的汇集,应强调数学中的"过程"重于"结果"。本课程力求实现静态知识动态化。教材内容通过问题简化、思路分析、尝试解答、对比参考、反思感悟等环节,充分呈现了结论的获得过程,整个教材流淌着鲜活的数学思想。学生将不再是一个知识的被动接受者,而是一个过程的积极参与者。

问题驱动：问题是数学的心脏,问题解决就是数学学习,教材编写应该体现问题解决的思想。本课程内容以"问题提出,问题解决"为视角,采用问题链—导学形式进行编写。教材的出发点在于问题背景的创设(即以五个计数名题为素材设计五个主要问题),围绕各章开头的主要问题展开系列的问题研究。基于学生的认知水平,精心设计各种问题,如理解性问题、评价性问题、反思性启发问题,它们使得教材更具人性化、趣味化、高效化,促使学生积极主动地学习。

三、课程纲要呈现

综合上述行动,邵老师得到了如下由学习目标、评价设计、学习活动三大部分构成的课程纲要,并在本课程的第一节课上与学生分享。

"经典计数问题"的课程纲要

▶课程类型：校本课程　　▶教学材料：自编教材《经典的计数原理》

▶授课时间：20课时　　　▶授课教师：浙江省温州市平阳中学　邵梅生

▶授课对象：2015级高二年段数学兴趣班

同学们,首先欢迎大家参与学习"经典计数问题"这门课。这五个经典问题都是数学史上的名题,很有趣也很有挑战性哦。

⊙ 学习目标

总体上,我们这个学期的课程目标包括:(1)了解基本的组合知识,理解核心计数方法;(2)解决有关计数的实际问题,学会数学抽象、逻辑推理;(3)感悟计数的数学之美,具备合作能力。

掌握课程总目标需要掌握"数学化"与"数学史"两个大观念,这要求我们:(1)把实际问题阐述为数学问题;(2)从具体过程中获得抽象概念;(3)通过问题解决过程实现知识在其他情境中的进一步应用;(4)理解数学是人类探索的结果,数学发展意味着数学问题回答的推进。为达成"数学化"与"数学史"的学习要求,大家需要掌握以下具体要求:

● 知道基本的组合知识和计数技能(分类分步和排列组合概念),理解线排列和圆排列概念,了解二者的内在联系。

● 了解五个经典计数问题的提出与解决过程,以及它们对数学发展的促进作用。

● 拓展并理解核心计数方法,如建立递推关系、利用反射原理、借助对应原理实现问题转化、运用容斥原理间接处理、巧用挡板法实现整数分拆;了解生成函数法。

● 体会计数策略的独特性,领略组合知识和不同知识存在的紧密联系。

● 能从数学史角度理解五个计数问题对数学发展的作用,拓宽数学视野。

● 体验数学家孜孜不倦研究数学的精神。

⊙ 评价设计

课程评价设计包括针对整个课程的终结性评价、每个单元的过程性评价任务。其中期末考试采取大家熟悉的书面考试形式,考试题型为计算题;过程性评价任务包括课中呈现的例题与课后探究问题,都是适合教学目标的情境性问题(它们已被编码,如"问题1-1-1"表示第一章第一节第一题,可参考教材)。

具体评价时,采用多元考核评价方式,体现终结性评价与过程性评价相结合的理念:终结性评价占比40%,以完成课程学习后参加的学期测验成绩为准;过程性评价占比为60%,相关详细信息如下:

姓名	自我评价	同伴评价	教师评价				总评价
			出勤次数	课堂表现	小组活动	作业完成	

说明：每一栏评价项目各占10分,总分60分

⊙ **学习活动**

我们这门课程安排了五章内容,教学组织以每章目标为统领,五个计数名题分别成为每章的核心问题。这些核心问题不仅用以引发你们的探究兴趣,也用以评价该章目标的落实。同时,核心问题进一步被用以组织各节课的课中问题,以及各节课的课后探究问题。其中,课中问题不仅是用以组织各节课的学习的活动任务,也是用以检测各节课的学习目标落实的评价任务,而课后探究问题将用以帮助你们巩固与提升该节课的学习目标。更详细的相关信息,大家可参考下表：

章节主题	各章目标	核心问题	学习活动
第一章 四色问题 1. 形形色色的染色问题与染色中的同构现象(2课时); 2. 一类简化后的四色问题与试着给地图着色(3课时)。	总体要求:体会并应用四色问题中体现的"数学化"思想; 具体要求:学会染色问题的两种处理方法;利用同构简化问题;能通过递推关系避免分类。	贝利提出:任何一张地图只用四种颜色就能使具有共同边界的国家着上不同的颜色。就此,请你加以证明。	自主探究问题1-1-1、1-1-2,交流心得,并自我评价;小组合作问题1-2-1并展示成果;师生共建问题1-3-1的模型;设计问题1-4-1的方案。
第二章 错排问题 1. 送贺年卡与挑战高考压轴题(2课时); 2. 数学家棣莫弗的解法(1课时)。	总体要求:体会并应用错排问题中体现的"数学化"思想; 具体要求:了解错排问题的特点并能加以识别;理解错排问题中的递推模型;理解、运用容斥原理的建模过程。	丹尼尔·伯努利提出:某人给五个朋友写信,邀请他们来家中聚会。请柬和信封交由助手去处理。助手却把请柬全装错了信封。请问助手会有多少种装错的可能呢?	以问题2-1-1进行思维热身,独立思考问题2-1-2后,在老师启发指导下得出模型;在老师引导下尝试解答问题2-2-1并自我评价,老师现场反馈;自学第三节内容,可向老师寻求帮助。

续表

章节主题	各章目标	核心问题	学习活动
第三章 选票计数 1. 道路网的走法（1课时）； 2. 借用光的反射原理（1课时）。	总体要求：体会并应用选票计数中体现的"数学化"思想； 具体要求：应用对应把最短路线问题转化成简单组合问题；从对应的角度理解光的反射原理应用的合理性。	贝特朗提出：有甲、乙两人参加竞选。甲得n票，乙得m票，n＞m。开票时选票是一张一张地读出的，直至全部选票读完。假定开票时选票的各种排列方式是等可能。求在整个开票过程中，甲累计所得票数始终超过乙累计所得票数的概率。	独立求解问题3-1-1与3-1-2，与同学交流想法并互评，老师进行概括；在老师帮助下解决问题3-2-1；同桌互助探究问题3-2-2，展示解法，由老师作出评价。
第四章 整数分拆 1. 名额分配与模型的等价形式（2课时）； 2. 制定武器的配备方案与神奇的生成函数（2课时）。	总体要求：体会并应用整数分拆中体现的"数学化"思想； 具体要求：会用挡板法解决整数解的个数问题；体会变量代换的好处；了解生成函数法的特点。	1741年，欧拉首次研究了把整数n分拆成m个相同或不同部分的方法数（记为p(n)），如6可以拆成3＋3。那么，如何求出p(n)呢？	老师讲解问题4-1-1后设计挡板；思考问题4-1-2，独立解读参考答案，并进行自我评价；小组合作探究问题4-3-1，老师进行反馈。第四节以自学为主，老师给予个别指导。
第五章 夫妻围坐 1. 线排列的再认识与圆桌入座（1课时）； 2. 串项链与台面上的礼貌（2课时）。	总体要求：体会并应用夫妻围坐中体现的"数学化"思想； 具体要求：了解线排列，圆排列的概念；掌握有重复元素的线排列公式，能利用对应关系获得相异元素圆排列公式；了解围坐问题的解法。	鲁卡斯提出：n对夫妻，围坐圆桌，男女相间，夫妻不邻，问坐法若干？	独立完成问题5-1-1，然后老师总结，独立解读问题5-2-1，老师对部分同学的想法进行点评；尝试解答问题5-3-1，老师反馈；先探究第四节的五个问题，老师再进行启发式讲授。

四、自编教材节选

教材共有五章，每章由一个计数名题导入，然后围绕该问题设置了相关学习主题和探究问题。限于篇幅，下文节选了第一章内容。

第一章 四色问题

问同学们一个问题:为了区分不同国家,地图一般有几种颜色呢?请想一想,地图是很常见的哦。回答不出来的同学可能平时没注意到这个细节。历史上有人对这个问题产生了极大的兴趣,并由此引起了全世界的关注。

1852年,毕业于伦敦大学的弗南西斯·格思里来到一家科研单位搞地图着色工作时,发现了一种有趣的现象:任何一张地图只用四种颜色就能使具有共同边界的国家或地区着上不同的颜色。这就是著名的四色问题,是世界近代三大数学难题之一。一个多世纪以来,数学家们为证明这条定理绞尽脑汁,不少新的数学理论也随之产生。同学们,你能证明这条定理吗?哇,没想到小小的地图,大大的学问,我们赶紧启动学习征程吧。

第一节 形形色色的染色问题

知识预备(问题1-1-1):现有4种颜色给四川、青海、西藏、云南四省(区)的地图染色(如图1-1-1,图略),每一省(区)一种颜色,只要求相邻的省(区)不同色,则不同染色的方法有多少种?请同学们思考:这4个省(区)在排列上有什么特点?

你的解法:	参考答案:先给四川染色有4种方法,再给青海染色有3种方法,接着给西藏染色有2种方法,最后给云南染色有2种方法。根据乘法原理,不同的染色方法共有 $4 \times 3 \times 2 \times 2 = 48$ 种。

反思:参考答案中从四川先染的好处在哪里?

问题变式:若把地图改成图1-1-2所示,有多少种染色方法呢?有同学这样做,请你指出错在哪里,并给出改正方法。

2	1
3	4

图1-1-2

错误解法:先给1号区域染有4种方法,再染2号区域有3种方法,接着染3号区域有2种方法,最后染4号区域有2种方法,共 $4 \times 3 \times 2 \times 2 = 48$ 种。	错误辨析:

知识拓展(问题1-1-2)：将一个四棱锥S-ABCD(如图1-1-3)的每个顶点染上一种颜色，并使同一条棱的两个端点异色，如果只有5种颜色可供选择，不同的染色方法共有多少种？

问题分析：和问题1-1-1相比,5个点的分布有什么特点？
题目要求我们把5种颜色都用掉吗？

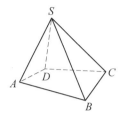

图1-1-3

你的解法：

参考答案：由于顶点S的限制最多，可先染S。根据颜色的使用种数分三类：(1)若只用了3种颜色，有$C_5^1 A_4^2 = 60$种方法；(2)若用了4种颜色，有$C_5^1 A_4^2 C_2^1 C_2^1 = 240$种方法；(3)若用了5种颜色，有$A_5^5 = 120$种方法。综上可知，染色方法共有$60 + 240 + 120 = 420$种。

反思：你能看出问题1-1-1和问题1-1-2的联系吗？并能利用两个问题的联系给出本题新的解法吗？

总结：通过两个问题的解决，你可以总结下染色问题的处理思路吗？
思路一：

思路二：

思路三：

……

课后探究：用6种颜色给正四面体$ABCD$(图1-1-4)的每条棱染色，要求每条棱只染一种颜色且共顶点的棱异色，问有多少种不同染色方法？

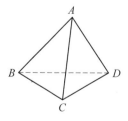

图1-1-4

第二节 染色问题中的同构现象

问题回顾：重新来看问题 1-1-2，将一个四棱锥 $S-ABCD$ 每个顶点染上一种颜色，并使同一条棱的两个端点异色，如果只有 5 种颜色可供选择，不同染色方法共有多少种？

若我们把要染色的对象如点、线段、区域、平面等抽象成元素 a，考虑到与不同的元素 a 相邻的元素个数可能不同，故用 $a_{ij}(i=1,2,3\cdots n;j=1,2,3,\cdots m)$ 来表达问题的条件。其中下标 $i=1,2,3\cdots$ 表示出元素的个数，而下标 $j=1,2,3\cdots$ 表示对于与元素 $a_i(i=1,2,3\cdots)$ 相邻的元素个数。如符号 $(a_{13},a_{23},a_{33},a_{44})$，可表示 4 点染色问题，其中 3 个点的相邻元素个数都为 3，另一个点的相邻元素个数为 4。考察下列两个问题：

(1) 用 4 种颜色给图 1-2-1 中的 5 个候车牌染色，要求相邻车站牌异色，有多少种不同的染色方法？

(2) 一个地区分为 5 个行政区域，如图 1-2-2 所示，现给地图着色，要求一个区域一种颜色，相邻区域异色，现有 4 种颜色可供选择，则不同的着色方法共有多少种？

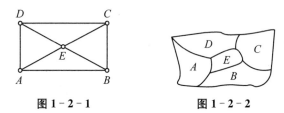

图 1-2-1　　　　　图 1-2-2

对于染色问题，对象的连接状况才是本质条件，比较可见这两个问题的条件与问题 1-1-2 实质相同，都可记成 $(a_{13},a_{23},a_{33},a_{43},a_{54})$，对应的三个图形是同构的。很明显相比于空间图形(图 1-1-3)，平面图(图 1-2-1 与图 1-2-2)更易于观察和分析。利用同构现象体现解题时聚焦在题目条件的结构分析上，可避开具体情境的描写，这样我们往往可把非染色问题转化为染色问题，把复杂图形的染色问题化为简单图形的染色问题。

学生互评(问题 1-2-1)：设计染色问题中的同构图形

要求：每人独立设计至少一组同构图形，前后桌四人为一组，组长用投影仪展示每一组代表作并给予内涵解释,其他组给出评价分,评价标准主要考虑参考图形的准确性。

课后探究:将一个四棱锥 S-ABCD 的每个面染上一种颜色,并使公共棱的两个面异色,如果只有 5 种颜色可供选择,不同的染色方法共有多少种?

第三节 一类简化后的四色问题的解法

数学上的"四色问题"对于我们来说似乎就是一座珠穆朗玛峰,高不可攀,但我们可以先来处理一类简化后的"四色问题",从山脚下先迈出第一步。

如图 1-3-1 所示,一个地区分为 5 个行政区域,现给地图着色,一个区域一种颜色,相邻区域异色,现有 4 种颜色可供选择,则不同的着色方法共有多少种?有了前面两节的学习,相信同学们可以获得答案:72 种染色方法。

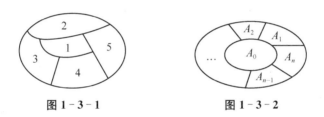

图 1-3-1   图 1-3-2

问题推广(问题 1-3-1):把两个同心圆的圆环分成 $n(n \geqslant 2)$ 个扇环,连同心圆的内圆共分成 $n+1$ 个部分,现给这 $n+1$ 个部分着色,相邻区域异色,现有 4 种颜色可供选择,则不同的着色方法共有多少种?当区域增加,原有的方法还能用吗?请大家先尝试解答。

尝试解答:

嗯，大家一定发现了，由于区域的无限，分类也是无穷尽的，那该怎么办呢？

下面我们另辟蹊径，尝试一种新的解法。

设分成 $n(n \geq 2)$ 个扇环的着色方法有 a_n 种。先涂 A_0，再依次涂 $A_2, A_3, \cdots A_n$，A_1。先不考虑 A_n 与 A_1 异色的要求，共有 $4 \times 3 \times 2^{n-1}$ 种涂法。当 A_n 与 A_1 满足异色时，即是 a_n 种方法；当 A_n 与 A_1 同色时，可把 A_n 与 A_1 视作一个扇环，则归结为 a_{n-1} 种方法。故得递推关系：$a_{n-1} + a_n = 4 \times 3 \times 2^{n-1}(n \geq 3)$，可得 $a_2 = 24$，则所有的 a_n 可求。

下面推导数列 $\{a_n\}$ 的通项公式：

$a_{n-1} + a_n = 4 \times 3 \times 2^{n-1}(n \geq 3)$，

$\therefore a_n = -a_{n-1} + 3 \times 2^{n+1}$，$\therefore (-1)^n a_n = (-1)^{n-1} a_{n-1} + (-1)^n \times 3 \times 2^{n+1}$。

令 $(-1)^n a_n = b_n (n \geq 3)$，则得 $b_n - b_{n-1} = (-1)^n \times 3 \times 2^{n+1}$。

又 $b_n = b_2 + (b_3 - b_2) + (b_4 - b_3) + \cdots + (b_n - b_{n-1})$

$= 24 + (-3 \times 2^4 + 3 \times 2^5 + \cdots + (-1)^n \times 3 \times 2^{n+1})$，

$\therefore b_n = 24 + \dfrac{-3 \times 2^4(1-(-2)^{n-2})}{3} = 8 + (-2)^{n+2}$，$\therefore a_n = 8 \times (-1)^n + 8 \times 2^{n-1}(n \geq 3)$。

反思：应用数列的递推模型，避开了繁琐的分类。你认为建立数列模型的关键因素是什么呢？

课后探究：思考问题 1-3-1 的特例，即当同心圆退化成一个点时，可得如下问题：把一个圆分成 $n(n \geq 2)$ 个扇形，一个扇形一种颜色，相邻扇形异色，现有 4 种颜色可供选择，有多少种涂法？

第四节　试着给地图染色

我们一起给世界地图着色，看看 4 种颜色到底够不够。

数学是理想化的模型，我们把每个国家或地区视作一个平面区域，考虑国家或地区相邻的个数，有以下几种情况：各国都隔离；两个相邻；三个相邻；四个相邻……，大家列出区域相邻的各种情况，并观察至少需要多少种颜色才可保证相邻区域异色。请大家用图形表达不同的相邻情况，并标注对应所需的颜色种数。可用表格呈现你的劳动成果。

请大家先独立设计 20 分钟吧，设计好了再参考下文的参考方案。

参考方案：如果世界各个国家或地区都是隔离的，那么世界地图只需要一种颜色。如果各个国家或地区最多只有两个是相邻的，那么只需要两种颜色。如果有三个国家或地区相邻，分为两类(见表 1-4-1)。

表 1-4-1

图形	类别标记	最少所需颜色种数
(图形：3,1,2)	[3-1]	3
(图形：1,2,3)	[3-2]	2

四个国家或地区相邻的时候，相当于是三个国家或地区再加上第四个国家或地区。一类是在[3-1]上加上一个国家或地区，共有 3 种情况，(见表 1-4-2)。

表 1-4-2

图形	类别标记	至少所需颜色种数
(图形：4,3,1,2)	4-1′	3
(图形：3,1,2,4)	4-2′	3
(图形：3,④,1,2)	4-3′	4

另一类是在[3-2]上加上一个国家或地区，共有 5 种情况(见表 1-4-3)。

表 1-4-3

图形	类别表记	至少所需颜色种数
1 2 3 4	[4-1]	2
4 在 1 2 3 之上	[4-2]	2
4 在 1 2 左上，3 在右	[4-3]	3
4 在上（跨），1 2 3 在下	[4-4]	3
1 2 / 3 4	[4-5]	2

从上述分析可得，用 4 种颜色就可以区别出相邻的国家或地区，不过实际情况要复杂得多。但不管怎么说我们迈出了一小步，通过列举与逐一说明，借助 3 个相邻的情况来分析 4 个相邻的情况。这些思想很可贵哦。要知道计算机在证明四色猜想时，就是将地图上的无限种情况减少到 1 976 种，再利用不同的程序逐一验证的。为自己鼓掌吧。

延伸阅读：四色猜想

四色问题又称四色猜想，是世界近代三大数学难题之一。四色问题的内容是："任何一张地图只用四种颜色就能使具有共同边界的国家着上不同的颜色。"用数学语言表示，即"将平面任意地细分为不相重叠的区域，每一个区域总可以用 1、2、3、4 这四个数字之一来标记，而不会使相邻的两个区域得到相同的数字。"这里所谓的相邻区域，是指有一整段边界是公共的。如果两个区域只相遇于一点或有限多点，就不是相邻的，因为用相同的颜色给它们着色不会引起混淆。

四色猜想的提出来自英国。1852 年，毕业于伦敦大学的弗南西斯·格思里来到一家科研单位搞地图着色工作时，发现了一种有趣的现象："每幅地图都可以用四种颜色着色，使得有共同边界的国家都被着上不同的颜色。"这个现象能不能从数学上加以严格证明呢？他和在大学读书的弟弟决心试一试。兄弟二人为证明这一问题而使用的稿纸已经堆了一大沓，可是研究工作没有丝毫进展。1852 年 10 月 23 日，他的弟弟就这个问题的证明请教了他的老师、著名数学家德·摩尔根，摩尔根也没有能找到解决这个问题的途径，于是写信向自己的好友、著名数学家汉密尔顿爵士请教。汉密尔顿接到摩尔根的信后，对四色问题进行了论证。但直到 1865 年汉密尔顿逝世为止，问题也没有能够解决。

1872 年，英国当时最著名的数学家凯利正式向伦敦数学学会提出了这个问题，于是四色猜想成了世界数学界关注的问题。世界上许多一流的数学家都纷纷参加了四色猜想的大会战。1878—1880 年两年间，著名的数学家肯普和泰勒分别提交了证明四色猜想的论文，宣布证明了四色定理，大家都认为四色猜想从此也就解决了。肯普的证明是这样的：首先指出如果没有一个国家包围其他国家，或没有三个以上的国家相遇于一点，这种地图就算是"正规的"。一张地图往往是由正规地图和非正规地图联系在一起，但非正规地图所需颜色种数一般不超过正规地图所需的颜色，如果有一张需要五种颜色的地图，那就是指它的正规地图是五色的，要证明四色猜想成立，只要证明不存在一张正规五色地图就足够了。肯普是用归谬法来证明的，大意是如果有一张正规的五色地图，就会存在一张国数最少的"极小正规五色地图"，如果极小正规五色地图中有一个国家的邻国数少于六个，就会存在一张国数较少的正规地图仍为五色的，这样一来就不会有极小五色地图的国数，也就不存在正规五色地图了。这样肯普就认为他已经证明了"四色问题"，但是后来人们发现他错了。不过肯普的证明阐明了两个重要的概念，对以后问题的解决提供了途径。第一个概念是"构形"。他证明了在每一张正规地图中至少有一国具有两个、三个、四个或五个邻国，不存在每个国家都有六个或更多个邻国的正规地图，也就是说，由两个邻国，三个邻国、四个或五个邻国组成的一组"构形"是不可避免的，每张地图至少含有这四种构形中的一个。

肯普提出的另一个概念是"可约"。"可约"这个词来自肯普的论证。他证明了只要五色地图中有一国具有四个邻国,就会有国数减少的五色地图。自从引入"构形"与"可约"概念后,逐步发展了检查构形以决定是否可约的一些标准方法,能够寻求可约构形的不可避免组,是证明"四色问题"的重要依据。但要证明大的构形可约,需要检查大量的细节,这是相当复杂的。11年后,即1890年,在牛津大学就读的年仅29岁的赫伍德以自己的精确计算指出了肯普在证明上的漏洞。他指出肯普说没有极小五色地图能有一国具有五个邻国的理由有破绽。不久,泰勒的证明也被人们否定了。人们发现他们实际上证明了一个较弱的命题——五色定理。就是说对地图着色,用五种颜色就够了。后来,越来越多的数学家虽然对此绞尽脑汁,但一无所获。于是,人们开始认识到,这个貌似容易的题目,其实是一个可与费马猜想相媲美的难题。

进入20世纪以来,科学家们对四色猜想的证明基本上是按照肯普的想法在进行。1913年,美国著名数学家、哈佛大学的伯克霍夫利用肯普的想法,结合自己新的设想,证明了某些大的构形可约。后来美国数学家富兰克林于1939年证明了22国以下的地图都可以用四色着色。1950年,有人从22国推进到35国。1960年,有人又证明了39国以下的地图可以只用4种颜色着色;随后又推进到了50国。看来这种推进仍然十分缓慢。高速数字计算机的发明,促使更多数学家对"四色问题"展开研究。从1936年就开始研究四色猜想的海克,公开宣称四色猜想可用寻找可约图形的不可避免组来证明。他的学生丢雷写了一个计算程序,海克不仅能用这程序产生的数据来证明构形可约,而且描绘可约构形的方法是从将地图改造成为数学上称为"对偶"形着手。他把每个国家的首都标出来,然后把相邻国家的首都用一条越过边界的铁路连接起来,除首都(称为顶点)及铁路(称为弧或边)外,擦掉其他所有的线,剩下的即是被称为原图的对偶图。到了20世纪60年代后期,海克引进了一个类似于在电网络中移动电荷的方法来求构形的不可避免组。在海克的研究中第一次以颇不成熟的形式出现的"放电法",成为以后关于不可避免组的研究的关键,也是证明四色定理的中心要素。

电子计算机问世以后,由于演算速度迅速提高,加之人机对话的出现,大大加快了对四色猜想证明的进程。美国伊利诺伊大学的哈肯在1970年着手改进"放电过程",后来与阿佩尔合作编制了一个很好的程序。就在1976年6月,他们在美国伊利诺伊大学的两台不同的电子计算机上,用了1 200个小时,作了100亿次判断,终于完成了四色定理的证明,轰动了世界。这是一百多年来吸引许多数学家与数学爱好者的大事,当两位数学家将他们的研究成果发表的时候,当地的邮局在当天发出的所有邮件上都加盖了"四色足够"的特制邮戳,以庆祝这一难题获得解决。"四色问题"的被证明不仅解决了一个历时一百多年的难题,而且成为数学史上一系列新思维的起点。在"四色问题"的研究过程中,不少新的数学理论随之产生,也发展了很多数学计算技巧。如将地图的着色问题化为图论问题,丰富了图论的内容。不仅如此,"四色问题"在有效地设计航空班机日程表、设计计算机编码程序上都起到了推动作用。不过不少数学家并不满足于计算机取得的成就,他们认为应该有一种简捷明快的书面证明方法。直到现在,仍有不少数学家和数学爱好者在寻找更简洁的证明方法。

第八章

跨学科课程"爱的旅行"的构思

2017年2月,山东省济南市晏婴小学开发了系列校本课程,"爱的旅行"[①]乃其中一大成果。该课程定位于跨学科整合课程,适用于5年级上学期,共安排了27个课时,分为"爱家乡"、"爱班级"两大主题。下文从四个方面对教师的课程思考与实践作具体描述。

一、拟解决的问题

学校教育不仅仅关于做事,也关于做人,爱是教育永恒的主题。遗憾的是,我们发现本校不少学生并不懂"爱"。深入广泛的调研发现,在小学中高年级学生中,知道父母生日并且在父母生日时表达自己情感的仅占38%。绝大多数小学生对人世间最美好的情感"爱"的认识较肤浅,认为父母、老师爱自己是天经地义的,不懂感恩与回报。中高年级学生在校的日常表现也显示,不少学生做事不够认真,出现问题推脱责任,不能对自己的过失负责。

尽管本校各科教学中有很多体现"爱与感恩"思想的学科内容,但是还没有人将"爱与感恩"为主题的学科内容综合起来形成一门课程,并通过这门课程来培养、提升孩子们的道德水平和综合素养。与此同时,传统教学中的分科教学导致学生孤立地、割裂地看问题,灌输式教学导致学生思维僵化,重知识学习导致学生缺乏创新精神和实践能力,所有这些都使得学生缺乏爱的行动力。为此,极有必要为学生开设一门能让学生身体力行关于爱的课程。

---

① 本课程系由齐玉芝与李丽娟两位老师合作开发,笔者参与了课题指导,并与她们一起开发了本案例。此处引用已得到教师同意。

二、具体开发步骤

总体上,本课程的开发采取了十大步骤:寻找课程开发依据;明确课程目标;确定核心素养;选择内容标准;确定大观念的学习要求及其主要问题;制定课程评价方案;组织学习活动;形成课程纲要;审查课程实施保障条件。

(一)寻找课程开发依据

为更好地开发课程,进行相关的研究是必要的。这主要涉及三大方面,分别是关于道德核心的研究、关于国家相关文件精神的研究、关于跨学科整合课程的研究。

关于道德核心的研究。《孝经》说:"孝,德之本也。"一个真正懂得爱亲孝亲的人,都会有一颗感恩心、诚敬心,也会形成勇于担当、敢于负责的价值观。孟子曰:"亲亲而仁民,仁民而爱物。"一个人对他人的感恩心从感父母的恩德生起,对他人、对自然、对国家的仁爱心也是从爱敬父母开始。可以说,爱是一切品德教育的基础。

通过对道德核心的研究,我们想到开发一门以"爱与感恩"为主要内容和学习目标的课程,来应对学生不懂感恩及缺少担当、缺乏责任心的问题。

关于国家相关文件精神的研究。针对我国在改革开放中出现的道德滑坡现象,国家高度重视道德的力量,通过多种形式的会议、文件和活动来呼唤社会"正能量"。教育部《完善中华优秀传统文化教育指导纲要》中也明确指出:"着力引导青少年学生正确处理个人与他人、个人与社会、个人与自然的关系,学会心存善念、理解他人、尊老爱幼、扶残济困、关心社会、尊重自然。"《国家中长期教育改革和发展规划纲要(2010—2020)》进一步强调:"促进德育、智育、体育、美育有机融合,提高学生综合素质,使学生成为德智体美全面发展的社会主义建设者和接班人。"可见,加强中小学德育是促进人的全面发展的必然要求。

以上文件精神的研读启发我们,开发本课程时,不仅要以"爱与感恩"为主要内容和学习目标,还要能够将品德教育、思维提升、审美教育等有机地融合到一起。

关于跨学科整合课程的研究。跨学科课程是指在教师的指导下,由学生参与课程实施的综合性学习活动,它是基于学生经验,密切联系学生的生活和社会实际,体现对知识综合应用的学习活动。跨学科整合课程的特征包括:(1)以共同主题或问题为中心。跨学科整合课程涉及众多学科,这些学科并非水果拼盘,它们在共同的主题或问题引导下形成一个有机整体。(2)强调学科的内在联结。跨学科整合课程不局限于学科内部,共同主题或问题已经超出学科边界,不同学科的协作努力才能探究这些主题或问题。(3)指向综合素养的培养。跨学科整合课程以学生的现实生活和社会实践为基础发掘课程资源,以活动为主要开展形式,强调学生的亲身经历,要求学生积极参与到各项活动中去,发现和解决问题,体验和感受生活。

通过对课程理论的综合学习,课程开发小组认为综合实践活动课程能够较好地帮助我们处理分科教学的弊端,解决传统教学中以教师为主导、以知识传授为主要目的的问题。

(二)明确课程目标

作为跨学科整合类课程,"爱的旅行"整合了语文、音乐、美术、信息技术等学科,其目的在于使得学生成为懂感恩的实践者。课程目标定位于:学生能根据自己的兴趣、爱好与已有经验从日常生活中选取关于感恩的探究课题或问题,开展有趣、有意义的探究活动,能学会用生动、活泼的形式表达探究过程与结果,形成系统、全面地看问题的能力,扩展逻辑思维能力,初步具备认识爱、理解爱的能力,拥有感恩的心。

(三)确定核心素养

通过研读《中国学生发展核心素养》,课题组选择了核心素养"科学精神"中的"勇于探究"、核心素养"审美情趣"中的"创意表达"、核心素养"责任担当"中的"感恩之心",形成了"爱的旅行"课程指向的核心素养:(1)勇于实践,是学生在勤于实践、敢于创新方面的具体表现,包括实践活动、批判质疑、问题解决等。(2)创意表达,重点是具有艺术表达和创意表现的兴趣和意识,这是课程实践活动过程与成果的再现及情感的升华。(3)学会感恩,感恩是一种生活智慧,是学会做人,是成就阳光人生的支点,其重点是认识爱、理解爱、会感恩。其中,"勇于实践"、"创意表达"是本课程要培养的关键能力,其内容与过程均是以"爱××"的形式来构建和展开的;"学会感恩"是在前述两大关键能力基础上形成的必备品格。可以说,这些核心素养直接体现于上述课程目标。

(四)选择内容标准

通过讨论,课题组选择了相关学科内容标准条目:(1)能够体验并简要描述音乐情绪的变化;选用合适的背景音乐,为诗朗诵或者其他艺术形式配乐;用自然的声音,有表情地演唱;能够主动地参与综合性艺术表演活动(音乐)。(2)用普通话正确、流利、有感情地朗读诗文,在诵读过程中体验情感,展开想象;能清楚明白地讲述见闻,说出自己的感受和想法;能提出学习和生活中的问题,有目的地搜集资料,共同讨论(语文)。(3)欣赏符合主题的绘画作品,用语言描述作品,表达感受与认识;结合语文、音乐等学科内容进行美术创作,表现所见所闻、所感所想(美术)。(4)爱亲敬长,养成文明礼貌、诚实守信、友爱宽容、热爱集体、团结合作、有责任心的品质;学习从不同的角度观察社会事物和现象,尝试合理地、有创意地探究和解决生活中的问题;初步掌握收集、整理和运用信息的能力,能够选用恰当的工具和方法分析、说明问题(品德与社会)。

(五)确定大观念的学习要求及其主要问题

本课程确定的大观念为感恩意味着心怀感激,乐意为他人做出奉献。这主要包括两方面的学习要求:对自然和他人怀有感激之情;用一颗感恩的心为身边的人做自己力所能及的事情,并与他人分享感恩体会。为了更好地理解与运用这个大观念,确定了两个相关的主要问题:(1)为什么要感恩?(2)感恩怎样从身边做起?

(六)确定达成大观念的学习要求所需的知识基础

为理解与运用大观念,学生需要掌握如下所知、所能、所成:

● 通过小组合作,选择关注的、有意义的问题,并能够将问题转化为研究的课题。能够制定较完善的活动方案。

● 通过合作,有条理地按照制定的活动方案,开展综合实践活动,并能根据实际情况调整活动方案。在家长或老师帮助下解决活动中遇到的问题。

● 能够用多种方式整理并展示研究过程和研究成果。PPT含10页以上,有目录、有总结,既包括研究性学习的过程,也有研究性学习的结果,内容前后一致,紧扣研究主题,学习插入视频和音频。

● 能用歌唱、绘画、配乐诗朗诵等方式配合PPT整理并展示研究成果,歌唱、绘画、配乐诗朗诵等内容要与研究主题保持一致。

● 能围绕主题进行展示,声音洪亮,语言流畅,姿态大方自然,站位合理无遮挡,有必要的肢体语言辅助讲解,能与其他同学进行互动。能紧紧围绕主题清楚明白地进行讲述,语言生动,语气、语调适当,能激发观众对主题的爱与感恩。

- 能认真倾听别人讲话,了解别人的讲话内容,乐于参与讨论,敢于发表自己的意见。能抓住要点复述展示内容,并说出自己对主题的爱与感恩之情,表达有条理。

(七)制定课程评价方案

为判断教学目标落实情况,课题组从两大方面收集相关信息:一是在课程中实施过程中,收集来自教师评价、学生自我评价、学生同伴评价的信息。相关评价标准见表8.1,其分数比例占总分的60%,具体计分时,需把相关分数进行权重设计及折算。

表8.1 课程过程性评价标准

评价项目	9—10分	6—8分	6分以下
方案制定	活动目标紧紧围绕感恩主题论述;环节细致,环环相扣;人员分工合理,时间安排紧凑;方案要清晰明了,组员都明白做什么、怎么做。		活动目标没有紧紧围绕感恩主题论述;有粗略的人员分工及时间安排。
实践探究	按照分工,认真完成自己的任务,并及时与小组成员沟通自己的认识;在活动中,思考感恩主题与自己的关系,付诸感恩行动;能够在老师指导下,及时察觉活动中出现的问题,并及时修正;理解感恩主题与自己的关系,做一些力所能及的感恩事情。		能按照分工,完成自己的任务;在活动中,思考感恩主题与自己的关系;能够在老师指导下,察觉活动中出现的问题;了解感恩主题与自己的关系,具有做一些感恩之事的想法。
成果整理	围绕感恩主题全面整理自己和同伴搜集的资料,共同商定成果展示的方式。		整理自己和同伴搜集的资料。
个人反思	明确自己与主题的关系,并能反思自己以前的不良行为,或提出今后的相关改进行动。		基本明确自己与感恩主题的关系,但没有清楚地表达自己的感受。

二是在期末学生的汇报中,要求学生完成如下课程总结性评价任务:请你或小组同伴自主选择恰当的表达方式,展示综合探究的过程与成果,表达研究主题爱与感恩。相关评价标准见表8.2,该部分分数比例占总分的40%,具体计分时,也需把相关分数进行权重设计及折算。

表 8.2 课程总结性评价标准

评价项目	16—20 分	10—15 分	1—9 分
探究方面	展示的探究活动内容充实,感恩主题渗透于探究过程中,也体现了一些感恩行动。		展示对课程主题的探究活动,活动具体明确。
展示方面	能简练地概括展示内容,说出展示小组的优点和不足;成果有目录、内容、总结,三者之间有联系;合作展示与感恩主题一致的作品,能表达出爱与感恩之情;展示时,姿态大方、站位不遮挡;表演生动、有感情,能激发同学们的爱与感恩之情。		能说出展示小组的优点和不足;成果有目录、内容、总结,展示与主题一致的作品;展示时,能略微激发同学们的爱与感恩之情。
创意方面	展示方式活泼、新颖,引起同学们的浓厚兴趣,展示作品艺术性强,给人以强烈的美感。		展示方式比较活泼,展示作品的艺术性较弱。

(八) 组织学习活动

结合教学目标和班级实际情况,确立了"爱家乡"、"爱班级"两大研究主题:(1)爱家乡:结合家乡的历史文化、名胜古迹、故事传说、历代名人等方面进行自主选择和探究,充分感受家乡的美好与伟大,增强对家乡的爱与感恩之情。(2)爱班级:针对班级中吵架捣乱现象、小团体现象,以及不遵纪爱班、不团结同学或缺乏班级荣誉感等问题,合理选择学习主题进行探究,初步形成稳定的个性与良好的集体意识,学会与人和谐相处,增强感恩意识。

每个主题都占 13 课时,共占 26 课时,学期 29 节中余下的 2 课时用以最终考核展演,余下的 1 个课时为开学初本课程第一节课,用以与学生分享课程纲要。每个主题都包含三部分内容:爱的方案、爱的探究、爱的表达。其中爱的方案主要事项为确立课题、制定方案,包括问题的选择、课题的确定、活动方案的设计;爱的探究体现为活动过程的展开,主要事项为自主管理、合作探究;爱的表达包括展示成果、总结提升。

结合这两大主题,相关的课程内容需要满足:(1)内容的选择与组织以学生为核心。主要围绕三条线索进行,即学生与自然的关系(爱自然)、学生与自己及他人的关系(爱妈妈、爱爸爸、爱老师、爱同学朋友、爱自己)、学生与社会的关系(爱家庭、爱班级、爱校园、爱家乡、爱祖国)。(2)内容的选择和组织体现学生个性。确定活动内容时尊重每一个学生的兴趣、爱好与特长等个性特点,体现班级的特色。(3)以学生的已有经验为基础。确定该门课的内容时引导学生从日常生活中选取探究课题或问题。

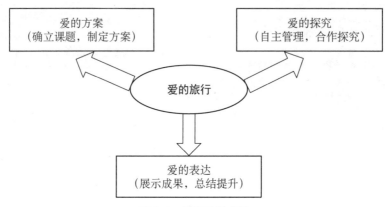

图 8.1 课程实施架构

"爱的旅行"采用学习方式的基本步骤为:(1)问题的选择;(2)课题的确定;(3)活动方案的设计;(4)活动过程的展开;(5)研究成果的展示;(6)反思与评价。为配合学生学习,教师的教学策略将体现如下要求:(1)问题引领,此处的关键是学生自主发现问题、展开探究活动。确定综合实践活动的内容时要善于引导学生从日常生活中选取探究课题或问题。(2)预设和讨论,在"爱的方案"环节,小组或个人大胆预设活动过程,充分考虑活动中会出现的问题和困难,并讨论解决方法。(3)实践和探究,小组或个人依据活动方案进行实践和探究,并注意收集和整理过程性资料。(4)总结和反思,总结活动过程的收获、问题、困难,反思原因,找到解决方法。(5)真实情境,在"爱的探究"环节,教师要提供真实的生活情境,倡导学生走进真实情境,并围绕话题积极探究。

"爱的旅行"所包含的"爱家乡"、"爱班级"两大个主题都有爱的方案、爱的探究、爱的表达三部分内容,各自安排了一个单元,下面呈现了各个单元实施的总体设想:

单元 1 爱的方案(确立课题、制定方案):(1)在问题引领下,通过小组讨论或个人思考,利用已有经验唤起对课题已有的认识,小组内成员发表自己的了解和认识,确定研究的课题。(2)小组代表或个人发言,其他同学质疑、补充,教师点拨,形成活动方案。

单元2爱的探究(自主管理、合作探究)：(1)小组成员根据活动方案,自主或合作组织、参与探究活动,在活动中搜集与探究课题相关的知识,感受自己与课题的关系。(2)结合活动方案,展示小组或个人的探究过程、收获,以及在探究活动中遇到的问题和困难。(3)通过小组讨论,结合他人的补充和点拨,进一步调整活动思路,将感恩之情付诸行动。

单元3爱的表达(展示成果、总结提升)：(1)通过回顾与交流讨论,进一步完善展示环节和评价反思环节的评价标准。(2)自主或合作进行成果整理,并采取多种形式展示汇报探究活动的过程和成果,充分表达自己对探究课题的热爱之情。(3)通过评价反思、交流感受,进一步深化对相关课题的爱与感恩之情。

（九）形成课程纲要

根据上述思考与行动,形成最终"爱家乡"与"爱班级"的课程纲要。表8.3呈现了课程纲要中的主体内容。

表8.3 "爱的旅行"课程纲要(a)：爱家乡

	活动模块的目标与主题、活动与评价设计		
	目标	主题	活动与评价设计
爱的方案	通过多种渠道,发现与"爱家乡"有关的问题,并通过小组讨论或个人思考,确定研究主题。(2课时)	**确定研究主题** 根据老师给出的三个问题,采取先个人思考后写出、小组内发表自己对家乡的了解和认识、小组代表发言、其他同学质疑补充、教师点拨的方式,确定个人或小组的研究主题。	**学习活动1**：思考三个问题,写出自己的认识。 1. 你对家乡临淄有哪些了解？ 2. 你想了解家乡的哪些方面？ 3. 你计划通过什么活动或方式了解呢？ **评价设计1**：通过教师观察,发现同学们学习中存在的问题,并进行及时反馈。 **学习活动2**：汇报自己的思考,其他同学质疑补充,小组确定研究的内容。 **评价设计2**：自评与互评相结合的方式。在小组内大胆表达自己的认识,能够质疑或补充同学们的意见。小组成员共同确定研究问题。

续表

活动模块的目标与主题、活动与评价设计			
	目标	主题	活动与评价设计
爱的方案	以教师提供的"活动方案"模板为依据,制定活动方案。(2课时)	制定活动方案 小组讨论,形成活动方案;交流、完善活动方案。	学习活动1:讨论研究的方式和步骤。按照老师提供的模板,形成活动方案。 评价设计1:自评与互评相结合的方式。全面设想活动过程,制定出能够得以执行的活动方案;汇报方案,其他同学评价,教师点拨。 学习活动2:修改完善方案。能够认真倾听发言,并发表自己的见解和补充。 评价设计2:互评与师评相结合的方式。
爱的探究	通过各小组汇报探究过程、收获,其他同学和老师评价、点拨,进一步学习综合实践活动课程的步骤。(4课时)	汇报探究过程,完善探究思路 各小组汇报探究过程、收获、问题及困难;其他同学进行评价;教师根据汇报、评价情况,进行讲解和点拨;小组根据同学们的评价和老师的点拨,进行合作研讨,修改、完善综合探究思路。	学习活动:各小组汇报探究过程、收获、问题及困难;其他同学进行评价;认真聆听老师的讲解和点拨;小组根据同学们的评价和老师的点拨,进行合作研讨,修改、完善综合探究思路。 评价设计:教师观察反馈、互评、自评相结合的方式。 1. 小组成员或个人能结合探究,进行大方展示,并有自己的真实感受和想法。其他同学认真倾听,能提出合理化建议或进行补充; 2. 进一步修改和完善活动方案,明晰与课程主题的关系,更准确地表达自己的想法或感受。
爱的表达	自主或小组合作,借助信息技术等手段,进行成果整理,并采取多种形式进行展示汇报,表达我与"爱家乡"主题的关系,深化情感。(3课时)	展示、述评、谈感受,教师评鉴 各小组展示探究过程及成果,观众述评,谈感受。教师根据同学们的展示,进行讲解和点拨。	学习活动:各小组展示探究过程及成果,观众述评,谈感受。聆听老师的讲解和点拨。 评价设计:教师观察反馈、互评、自评相结合的方式 1. 展示时,力求小组全员参与,站姿要大方、站位不遮挡,语言流畅、生动,有感情,能够表达出小组成员对探究内容的喜欢或热爱; 2. 认真倾听汇报小组的展示,并能根据展示内容进行简单述评,说出自己对展示方式及内容的真实感受; 3. 认真聆听老师的讲解和点评,进一步学习综合探究的方法和要求。

续表

	活动模块的目标与主题、活动与评价设计		
	目标	主题	活动与评价设计
爱的表达	通过分工、讨论,形成课程展演的方案,明晰自己在展演中的任务。(1课时)	**课程展演的形式及分工** 师生讨论课程展演的内容、组织分工、时间、地点等。	学习活动:讨论课程展演的内容、组织分工、时间、地点等。 评价设计:自评和教师观察反馈相结合的方式。共同商定课程展演的各项内容,要人人发言,积极报名;争取担任除展演之外的其他任务。
	通过自主组织、邀请学校教师、家长,参加在特定地点的课程展演,养成组织协调能力、创意表达能力。(2课时)	**课程展演** 全体同学组织并参与课程展演。	学习活动:组织并参与课程展演。 评价设计:采取教师观察反馈、互评、自评、家长评价相结合的方式。 1. 能够采用诗朗诵、演唱、绘画、话剧等方式,合作展示与研究主题相一致的艺术作品,富有感染力; 2. 表演大方、动作自然、表情丰富、音量适中; 3. 在展演中,能与其他同学密切配合,完成自己承担的组织任务,保证展演活动的顺利进行。

表8.3 "爱的旅行"课程纲要(b):爱班级

	活动模块的目标与主题、学习活动与评价设计		
	目标	主题	学习活动与评价设计
爱的方案	通过多种渠道,发现与"爱班级"有关的问题,并小组讨论或个人思考,确定研究主题。(2课时)	**确定研究主题** 根据老师给出的三个问题,采取先个人思考后写出、小组内发表自己对班级的了解和认识(即已有经验)、小组代表发言、其他同学质疑补充、教师点拨的方式,确定个人或小组要研究的主题。	学习活动:思考三个问题,写出自己的认识。 1. 班级生活让你感觉幸福吗?具体体现在哪里? 2. 你知道哪些与同学相处的窍门? 3. 你有什么好的方法可以让班级更强大(美好)? 然后汇报自己的思考,其他同学质疑补充,小组确定研究的内容。 评价设计:通过教师观察,发现同学们学习中存在的问题,并进行及时反馈;在小组内大胆表达自己的认识,能够质疑或补充同学们的意见。小组成员共同确定研究的问题。

续表

	活动模块的目标与主题、学习活动与评价设计		
	目标	主题	学习活动与评价设计
爱的方案	以教师提供的"活动方案"模板为依据,制定活动方案。(2课时)	**制定活动方案** 小组讨论,形成活动方案;交流、完善活动方案。	**学习活动**:讨论研究的方式和步骤。按照老师提供的模板,形成活动方案;汇报方案,其他同学评价,教师点拨;修改完善方案。 **评价设计**:自评与互评相结合的方式。
爱的探究	通过各小组汇报探究过程、收获,其他同学和老师评价、点拨,进一步学习综合实践活动课程的步骤。(4课时)	**汇报探究过程,完善探究思路** 各小组汇报探究过程、收获及问题、困难;其他同学进行评价;教师根据汇报、评价情况,进行讲解和点拨;小组根据同学们的评价和老师的点拨,进行合作研讨,修改、完善综合探究思路。	**学习活动**:各小组汇报探究过程、收获及问题、困难;其他同学进行评价;认真聆听老师的讲解和点拨;小组根据同学们的评价和老师的点拨,进行合作研讨,修改、完善综合探究思路。 **评价设计**:教师观察反馈、互评、自评相结合的方式。 1. 小组成员或个人能结合探究,进行大方展示,并有自己的真实感受和想法。其他同学认真倾听,能提出合理化建议或进行补充。 2. 进一步修改和完善活动方案,明晰个人与班级体的关系,更准确地表达自己的想法或感受。
爱的表达	自主或小组合作,借助信息技术等手段,进行成果整理,并采取多种形式进行展示汇报,表达我与"爱班级"主题的关系,深化情感。(3课时)	**展示、述评、谈感受,教师评鉴** 各小组展示探究过程及成果,观众述评,谈感受。教师根据同学们的展示,进行讲解和点拨。	**学习活动**:各小组展示探究过程及成果,观众述评,谈感受。聆听老师的讲解和点拨。 **评价设计**:教师观察反馈、互评、自评相结合的方式。 1. 展示时,力求小组全员参与,站姿要大方、站位不遮挡,语言流畅、生动,有感情,能够表达出小组成员对探究内容的喜欢或热爱; 2. 认真倾听汇报小组的展示,并能根据展示内容进行简单述评,说出自己对展示方式及内容的真实感受; 3. 认真聆听老师的讲解和点评,进一步学习综合探究的方法和要求。

续表

	活动模块的目标与主题、学习活动与评价设计		
	目标	主题	学习活动与评价设计
	通过分工、讨论,形成课程展演的方案,明晰自己在展演中的任务。 (1课时)	**课程展演的形式及分工** 师生讨论课程展演的内容、组织分工、时间、地点等。	**学习活动**:讨论课程展演的内容、组织分工、时间、地点等。 **评价设计**:自评和教师观察反馈相结合的方式。共同商定课程展演的各项内容,要人人发言,积极报名;争取担任除展演之外的其他任务。
	通过自主组织,邀请学校教师、家长,参加在特定地点的课程展演,养成组织协调能力、创意表达能力。 (2课时)	**课程展演** 全体同学组织并参与课程展演。	**学习活动**:组织并参与课程展演。 **评价设计**:教师观察反馈、互评、自评、家长评价相结合的方式。 1. 能够采用诗朗诵、演唱、绘画、话剧等方式,合作展示与"爱班级"主题相一致的艺术作品,富有感染力; 2. 表演大方、动作自然、表情丰富、音量适中; 3. 在展演中,能与其他同学密切配合,完成自己承担的组织任务,保证展演活动的顺利进行。

(十)审查课程实施保障条件

课题组主要对下述几个方面进行了审查,以确保课程实施有所保障:(1)有外出实践的机会;(2)家长的支持和帮助;(3)相关书籍;(4)师生用照相机、摄像机、网络;(5)展演场所;服装、道具等;(7)有经验的专家和教师。

三、开发结果呈现

完成上述具体开发步骤后,把相关结果加以整理形成了本学期的课程纲要。考虑到学生是最主要读者,为便于他们更好地理解本学期课程之旅,最后决定尽量以学生的语言来呈现。

表8.4 "爱的旅行"课程纲要

"爱的旅行"课程纲要

课程类型：校本课程　　　　　　课　时：28课时
适用年级：小学五年级　　　　　设计者：齐玉芝、李丽娟

一、你要完成的目标

小朋友，祝贺你进入五年级了。这个学期老师将和你一起进行"爱的旅行"。爱往往意味着感恩，这个题目就是关于如何学会感恩的。那么你可能会问：我们为什么要感恩？感恩该怎样从身边做起？希望通过一学期的学习，你能达成以下课程目标：能根据自己的兴趣、爱好与已有经验从日常生活中选取探究课题或问题，用有趣、有意义的探究活动及生动、活泼的形式，学习系统且全面地看问题，拓展思维的广度和深度；初步形成创新精神和实践能力；初步具备认识爱、理解爱的能力，拥有感恩的心。

我们的学习过程将围绕感恩主题展开，感恩意味着心怀感激，乐意为他人做出奉献。这主要包括两方面要求：对自然、他人怀有感激之情；用一颗感恩的心为身边的人做出自己力所能及的事情。为了更好地理解感恩，在学习过程中，你们还将完成下述具体要求：

- 通过小组合作，选择你关注的有意义的问题，并把问题转化为研究的课题，制定出较完善的活动方案。
- 通过小组合作，你能有条理地按照制定的活动方案，开展活动，并根据实际情况调整活动方案。遇到问题时，你能在家长或老师帮助下解决活动中遇到的问题。
- 你能够用多种方式整理并展示研究过程和研究成果，别忘了PPT需含10页以上，有目录、有总结，既包括研究过程，也包括研究结果，内容前后一致，紧扣研究主题，配置了视频和音频。
- 你能用歌唱、绘画、配乐诗朗诵等方式配合PPT整理并展示研究成果，歌唱、绘画、配乐诗朗诵等内容要与研究主题保持一致。
- 在汇报演示时，你能围绕主题进行展示，声音洪亮，语言流畅，姿态大方自然，站位合理无遮挡，有必要的肢体语言辅助讲解，能与其他同学进行互动；能紧紧围绕主题清楚明白地进行讲述，语言生动，语气、语调适当，能激发其他同学对爱与感恩的共鸣。
- 在同学汇报中，你能认真倾听别人讲话，了解别人的讲话内容，乐于参与讨论，敢于发表自己的意见，能抓住要点复述展示内容，有条理地说出自己对主题的爱与感恩之情。

二、你的成绩认定

本学期我们会学习"爱家乡"和"爱班级"两大模块，每个模块都分为"爱的方案"、"爱的探索"、"爱的表达"三个单元。结合这些模块和单元，老师将从过程性评价(占总分的60%)和期末汇报评价(占总分的40%)两大方面评价你在本学期的学习中取得的学习成果，好好努力呀！

（一）过程性评价

过程性评价由课堂表现和阶段汇报构成，其中课堂表现主要通过你自己开展的自评和同学们之间互评的方式进行评价的，占总分的60%。

评价项目	9—10分	6—8分	6分以下
方案制定	活动目标紧紧围绕感恩主题论述；环节细致，环环相扣；人员分工合理，时间安排紧凑；方案要清晰明了，组员都明白做什么、怎么做。		活动目标没有紧紧围绕感恩主题论述；有粗略的人员分工及时间安排。

续表

评价项目	9—10 分	6—8 分	6 分以下
实践探究	按照分工,认真完成自己的任务,并及时与小组成员沟通自己的认识;在活动中,思考感恩主题与自己的关系,付诸感恩行动;能够在老师指导下,及时察觉活动中出现的问题,并及时修正;理解感恩主题与自己的关系,做一些力所能及的感恩事情。		能按照分工,完成自己的任务;在活动中,思考感恩主题与自己的关系;能够在老师指导下,察觉活动中出现的问题;了解感恩主题与自己的关系,具有做一些感恩事情的想法。
成果整理	围绕感恩主题全面整理自己和同伴搜集的资料,共同商定成果展示的方式。		整理自己和同伴搜集的资料。
个人反思	明确自己与主题的关系,并能反思自己以前的不良行为,或提出今后的相关改进行动。		基本明确自己与感恩主题的关系,但没有清楚地表达自己的感受。

（二）期末汇报评价

期末汇报时,你们需要汇总两大板块的研究过程与结果,与全班同学分享。老师和其他同学将对你们组的表现进行评价。该部分占总分的 40%,相关评价要求你可参考下面这个表格：

评价项目	16—20 分	10—15 分	1—9 分
探究方面	展示的探究活动内容充实,感恩主题渗透于探究过程中,也体现了一些感恩行动。		展示对课程主题的探究活动,活动具体明确。
展示方面	能简练地概括展示内容,说出展示小组的优点和不足;成果有目录、内容、总结,三者之间有联系;合作展示与感恩主题一致的作品,能表达出爱与感恩之情;展示时,姿态大方、站位不遮挡;表演生动、有感情,能激发同学们的爱与感恩之情。		能说出展示小组的优点和不足;成果有目录、内容、总结,展示与主题一致的作品;展示时,能略微激发同学们的爱与感恩之情。
创意方面	展示方式活泼、新颖,引起同学们的浓厚兴趣,展示作品艺术性强,给人以强烈的美感。		展示方式比较活泼,展示作品的艺术性较弱。

（三）学期成绩认定

学期总评成绩采取等第方式，共分为"优秀"（90 分及以上）、"良好"（80—89 分）、"加油"（79 分及以下）三个等级，希望你能勇夺"优秀"。如果你对自己的评价结果不满意，别忘了向老师申请再给你一次机会哦。

三、你将参与的学习活动

小朋友，下面是你在本学期里将要学习的内容。这些内容总体上需要你经历下述基本的学习过程。(1)问题的选择：你们要善于从日常生活中发现问题；(2)课题的确定：你们要把发现的问题变成可以研究的问题；(3)活动方案的设计：可以小组或个人大胆预设活动过程，充分考虑活动中会出现的问题和困难，并讨论解决方法；(4)活动过程的展开：小组或个人依据活动方案进行实践和探究，并注意收集和整理过程性资料；(5)研究成果的展示：最后要向大家汇报你们的研究过程与结果，希望你能好好准备；(6)反思与评价：总结活动过程的收获、问题、困难，反思原因，找到解决方法。请记住，学习过程中你们要经常想想：为什么要感恩？感恩怎样从身边做起？

具体开展活动时，"爱家乡"和"爱班级"两大模块的学习活动与结构比较类似，你可参考下表准备实施计划中的"爱家乡"模块。

	活动模块的主题与活动设计	
	主题	活动设计
爱的方案	**确定研究主题** 根据老师给出的三个问题，采取先个人思考后写出、小组内发表自己对家乡的了解和认识、小组代表发言、其他同学质疑补充、教师点拨的方式，确定个人或小组的研究主题。(2课时)	**学习活动**：思考三个问题，写出自己的认识。 1. 你对家乡临淄有哪些了解？ 2. 你想了解家乡的哪些方面？ 3. 你计划通过什么活动或方式了解呢？（汇报自己的思考，其他同学评价补充，小组确定研究的内容） 4. 进行自评、互评活动。
	制定活动方案 小组讨论，形成活动方案；交流、完善活动方案。(2课时)	**学习活动**：讨论研究的方式和步骤；按照老师提供的模板，形成活动方案；全面设想活动过程，制定出能够依照执行的活动方案；汇报方案，其他同学评价，教师点拨；能够认真倾听发言，并发表自己的见解和补充；修改完善方案。
爱的探究	**汇报探究过程，完善探究思路** 各小组汇报探究过程、收获问题及困难；其他同学进行评价；教师根据汇报、评价情况，进行讲解和点拨；小组根据同学们的评价和老师的点拨，进行合作研讨，修改、完善综合探究思路。(4课时)	**学习活动**：各小组汇报探究过程、收获、问题及困难；其他同学进行评价；认真聆听老师的讲解和点拨；小组根据同学们的评价和老师的点拨，进行合作研讨，修改、完善综合探究思路。课后进行自评或互评活动。

续表

	活动模块的主题与活动设计	
	主题	活动设计
爱的表达	**展示、述评、谈感受,教师点拨** 各小组展示探究过程及成果,观众述评,谈感受。教师根据同学们的展示,进行讲解和点拨。(3课时)	**学习活动**:各小组展示探究过程及成果,观众述评,谈感受;聆听老师的讲解和点拨。课后进行自评或互评。
	课程展演的形式及分工 师生讨论课程展演的内容、组织分工、时间、地点等。(1课时)	**学习活动**:讨论课程展演的内容、组织分工、时间、地点等。课后自评和互评。
	课程展演 全体同学组织并参与课程展演。(2课时)	**学习活动**:组织并参与课程展演。课中进行互评。

小朋友,如果你有什么不清楚地方,别忘了来找老师咨询。最后祝你在新学期学习快乐!

齐玉芝老师、李丽娟老师
2017年2月15日

四、课程开发体悟

课程方案历经多次调整才得以完成,齐玉芝与李丽娟两位老师回顾整个开发历程,描述了三点让她们两人印象特别深刻的感受。

（一）从"大"处着眼

齐：我以前备课总是以一个课时为单位,缺乏对课程的总体把握,但我觉得落实核心素养不能这样备课。大观念、主要问题给了我很大的冲击,刚开始时还不适应,现在完成课程设计后回头看,感觉真和以前不一样了,相信自己以后备课能通过大观念进行单元或多个课时的课程设计。

李：逆向设计思路还真是不错,让我紧紧围绕目标写教案。通过这次课程设计,我还有一点重要发现,就是怎么使得目标—评价—教学一体化,我想这对课程设计是

非常非常重要的。以前听专家说"目标是课程的灵魂",现在有点明白了。像核心素养、逆向设计一样的大观念也是一种"目标"吧。

（二）明确目标之间关系

齐：目标之间原来有不同层级,核心素养这么高大上的目标如果要落地,肯定要和课堂教学目标联系起来。以前不知道,总以为自己上课的目标就已经指向核心素养了,不清楚它们之间到底经历哪些"传递"过程。原来,核心素养、学科核心素养/课程目标、内容标准、大观念、主要问题、课时目标原来要一致地思考,才是正道。

（三）建立教师合作团队

李：跨学科课程设计不好做,这次我和齐老师真是费了九牛二虎之力！幸亏在专家指导下总算艰难完成了。如果说对其他组老师有什么建议的话,我觉得,要进行知识互补,就是说跨学科课程一定要老师齐心协力,而且在目前教学竞争比较大的背景下,要持续地开展跨学科课程设计与实施,建立合作机制是非常必要的。

第九章

超学科课程"梅花小导游"的规划

余杭双林小学,毗邻超山风景区。作为中国江南三大赏梅胜地,超山梅花以"古、广、奇"三绝而闻名于世。已故金石书画大师、西泠印社首任社长吴昌硕先生生前就酷爱超山梅花,曾留下"十年不到香雪海,梅花忆我我忆梅"的诗句。2002年,杭州市余杭区成为浙江省第一批新课程改革区,双林小学积极响应学区课程教学改革精神,在课程开设方面,开全开齐各门课程,开发高质量课程,其中《梅花小导游》[①]乃该校的一大特色课程。

一、来自学生的呼吁

2016年6月,新任双林小学副校长杨正刚召开学校课程委员会会议,大家在办公室里筹划如何安排四年级下学期的综合实践活动。当时四年级语文、美术、科学、英语等学科教研组机智地利用周边丰富的地理文化条件,开展了口语交际、绘画写生、植物观察等等实践活动,已经来来回回风景区好多次了。那么,还要开设哪些课程?课程委员会准备听听学生的意见。

一群学生代表甫一进入办公室,几个眨巴着眼睛的男孩、女孩就开始嘀咕了:

"风景区玩是好玩的,可是每次回来老师都说要写作文、写作文,这就没意思了吧?"

"风景区里面的植物真多啊!有几位爷爷的科学知识比我们老师还丰富呢!要是把我们的科学课堂搬到风景区那该有多好啊!"

"知道吗?我们小组今天可神气啦!我们写生时遇到几位叔叔、阿姨问路,我们干脆做了一份'手绘地图'给他们,叔叔阿姨一个劲地夸我们呢!"

---

① 该课程由杨正刚等老师开发,开发过程中笔者参与了理论与实践指导,并与他们一起开发了本案例。此处引用已得到教师同意。

"哼！这算什么？601班的班长这次才是大出风头呢！梅花大道上遇见几个美国客人,她一边为外国游客指路一边还用英语介绍我们家乡的梅花胜景呢！"

"哇塞！你们班长真的太酷了！嘿嘿,我说了你可别笑我——口语交际课上,我把超山的几处风景介绍背得滚瓜烂熟,可是……可是……几位上海客人请我做小导游时,我的脑子里竟然一片空白了！"

"小导游？你以为梅花小导游那么好当啊！一定要经过培训的呀！"

"是啊！是啊！我们四年级能有这样一门课就好了……"

……

学生代表的呼吁,促使在场各位教师思考:成为一名梅花小导游真的有那么难吗？双林小学能开设一门名为"梅花小导游"的校本课程吗？有别于传统的学科课程,孩子们心目中的这门课程必然需要超越学校、教室、课堂这些时空局限,需要超越学科教学、书本世界这些传统桎梏。最为关键的是,孩子的呼声,我们听见了吗？孩子的呼声,我们能应和吗？课程委员会初步决定新学期开发超学科的校本课程"梅花小导游"以满足学生需求。

二、课程开发的思路

那么,这样的课程该怎么定位？诚如学生所言,想要成为一名真正意义上的导游的确很难。倘若以一个普通成人的角度来看,四年级的小学生想要成为一名合格的风景区导游,未免有些妄自尊大了。课程委员会最终决定,与其说是为了让学生成为一名"梅花小导游",不如说是引导四年级学生以自己的直接经验为起点,亲身经历成为一名"梅花小导游"的过程——强调孩子们富有个性的学习活动过程,关注学生在这一过程中对知识技能的综合运用,最大限度地体现"梅花小导游"主题下经验和生活的教育价值。站在一个综合实践活动指导教师的视角,课程委员会提出以下课程开发思路:

(一)考察现有校本课程的面貌

课程委员会认为,"梅花小导游"隶属综合实践活动,它的开设至少应置于学校整体综合实践活动课程下来思考。因此,考察学校现有综合实践活动有助于正确定位新增课程。

  2009年9月至2011年6月期间，双林小学以研究性学习、社会实践和服务为两大主要实践领域，在综合运用所学的各学科知识和技能的基础上，通过主题开发、主题建设、主题实践和主题学习等四个方面开展了既突显个性又强调合作的主题型综合实践活动，初步完成了主题校园文化建设，编撰了《"寻梅"校本课程指南》，形成一系列的主题案例、操作策略和评价细则。但校本课程在常态化实施方面存在许多问题与不足：

  关于课程实施方面。活动目标的设置虽然突出了主题性和校本特色，但过于宽泛、笼统；评价标准的制定虽然强调了开放性、多元性、形成性等原则，但缺乏可操作性，往往会导致教师和学生产生模棱两可甚至无所适从的偏差。此外，课程设定的每两周一次不少于6节课的课堂教学与实践时间缺乏延续性、层次性。

  关于教师实践指导方面。主题型综合实践活动的设计与实施虽然在一定程度上丰富了学生的学习体验、突出了学生的个性化表现，但是表面化的倾向依然严重，具体表现在活动方式过于强调"研究"而导致教师和学生要么停留于表面应付，要么机械模仿；活动评价指向不明、缺乏操作性；成果呈现形式单一或者表面热闹，没有将研究与体验活动过程引向深入。

  关于主题内容设置方面。随着"寻梅"实践活动的不断展开，学生的认识和体验不断丰富和深化，原先预设的"梅花小主人"、"古梅新韵"也随之生成了新的内容和目标，然而，由于存在学校师资力量以及观念的局限性，教师和学生面对新生成的内容和目标感觉无从切入、无从下手，从而出现眼高手低或束手无策的现象。

  关于课程评价方面。在吸取了市区内诸多先进经验的基础上，"寻梅"课程评价体系提出了评价原则、标准、功能取向、方式等内容，但是，评价体系的制定明显缺乏科学依据，评价主体没有凸显出学生的地位。虽然一些举措与应试教育背景下"好分数等于好学生"的评价方式有了显著的区别，但是，起码的"是否具有准确性和可行性"的科学依据却消失殆尽，甚至沦为"花里花哨"的代名词。

  因此，课程委员会认为当下以"梅花小导游"为主题的超学科课程的设计与实施，不仅要注重挖掘区域优势地理资源，注重学校传统优势课程的继承与发展，更要"因地制宜、量力而行"，使小学综合实践活动的设计与实施渐趋于"切口小、可操作，系统化、可评价"。

（二）分析相关学生学情

四年级学生目前总计为136人,男生76人,女生60人,其中外来务工人员子女33人,超山风景区附近陈家木桥、跌马桥、屯里等社区的学生103人。这些孩子个性差别较大,容易在接受别人评价的同时增强自信心;喜欢和同伴一起游戏、学习,但情绪不稳定,容易激动和争吵;存在强烈要求独立和摆脱成人控制的欲望,但自控能力不强;开始接触学科内外的各种探究实践活动,但探究技能与方法明显缺失;语言表达能力存在较大差异;信息处理及应用的意识与能力较弱;成果提炼及呈现的能力初步形成,但偏于单一、粗糙;具有一定的口语表达能力和技巧,但在节奏、连贯、变化、语调和肢体辅助等方面存在明显的个体差异。

（三）明确课程目标内涵

"梅花小导游"课程的开发遵循"以生为本、先做后导"的基本理念,其课程总目标强调三个"突出"——突出学生,在教师指导下充分发挥学生的主体作用;突出合作学习,以提升"梅花小导游"过程中的交往能力与合作能力;突出探究,唤醒学生经验,让每个孩子带着有准备的头脑亲历"梅花小导游"的学习与体验活动,使学生在"梅花小导游"活动中真正实现"易进入、能主动、善建构、有提升"。

具体说来,遵照"目标与过程高度一体化"的原则,四年级的学生在亲历成为"梅花小导游"的过程中需要达成以下要求:

1. 亲近并探究自然,热爱自然,初步形成自觉保护周围自然环境的意识和能力;

2. 考察周围社会环境,初步形成反思、探究社会问题的习惯,自觉遵守社会行为规范,增长社会沟通能力,初步养成服务社会的意识和对社会负责的态度;

3. 初步具有认识自我的能力,初步具有自主选择与独立做出决定的意识和能力,养成勤奋、积极的生活态度;

4. 激发好奇心和求知欲,初步养成从事探究活动的态度,发展探究问题的能力。

（四）对应的核心素养、大观念的学习要求及其主要问题

2016年9月,时值《中国学生发展核心素养》公布,核心素养成为学校关注热点。课程委员会决定,可以先尝试把校本课程与核心素养进行挂钩。就此,在综合考虑"梅花小导游"课程目标和中国学生发展核心素养之后,发现前者直接体现了一些核心素养条目。为此,课程委员会确定了该课程所指向的核心素养,以及课程目标中隐含的

大观念的学习要求及其主要问题。

核心素养：主要指向学会学习、实践创新、社会责任。学会学习具体包括乐学善学、勤于反思、信息意识等基本要点；实践创新具体包括问题解决、技术应用等基本要点；社会责任包括热爱并尊重自然，具有绿色生活方式和可持续发展理念及行动等，这些内容是三条核心素养与本课程相关的内容。

大观念的学习要求：大观念主要指向自我认识、合作探究、环保意识，它的要求包括学生对自己进行批判与反思、自我定位与认同，通过同学的合作开展合理的探究过程，表现出保护环境的一些行动。具体地说，学生按前期准备、组队申报、制定方案、研究实践、演练评估和展示交流共6个学习步骤主动地获取知识、应用知识，通过探究解决问题，以发展自我认识与实践能力、增强社会服务意识与公民责任感。

主要问题：主要指向"我该如何与自己、与他人相处？"、"探究具有什么样的基本要求？"、"我要用什么行动来体现我是爱护自然与环境的？"该三大问题用以组织开展"梅花小导游"课程的六个步骤，需要学生不时地加以回顾。

（五）确定掌握大观念的学习要求所需的本领

大观念的学习要求需要学生通过探究主要问题而习得，在习得过程中学生必须掌握下述六个学习阶段的本领：

1. 前期准备：逐渐了解并熟悉景点、社区和自我的基本情况；明确小导游的基本意义和要求。

2. 组队申报：对活动表示出兴趣，有明确的景点选择，并有3个成员或以上，小组内有基本分工、有固定的指导教师。

3. 制定方案：从意义、步骤、活动时间、预期目标等方面初步形成书面的活动方案，鼓励学生通过倾听、陈述、交流等形式完善方案。

4. 研究实践：小组分工明确，学生按照既定方案深入实地考察研究、借助一定的工具收集并处理信息资料，对活动内容和自己的看法、感受有记录并保留。

5. 演练评估：独立地或在教师的指导下根据自己搜集并筛选的资料进行模拟或实地演练，申请并参加由学校组织的"小导游"项目考核。

6. 展示交流：利用节假日等业余时间或者由学校统一组织的时间进行有效的汇报演出、现场比赛、实地导游等展示与交流活动。

（六）评价"梅花小导游"的亲历过程

选取适宜的多元评量方式评价学生亲历过程时，遵循如下原则：(1)注重与学习和体验活动相结合，呼应课程目标；(2)注重兼顾情意，注重兼顾技能与认知，关注学习与体验起点，关注学生的学习历程、生活世界与社会行为；(3)注重兼顾形成性评价与总结性评价；(4)评价主体多元，包教师、家长、学生及其同伴；(5)关注个人能力和努力维度，关注个别差异，让不同文化与背景的学生均能获得成功的机会。

确定评价原则后，课程委员会进一步细化了六个学习阶段的要求，得到表9.1所示结果。实质上，这些结果说明四年级学生分别在"梅花小导游"的六个实施步骤上应该掌握或体验的认识自我、融入社会、实践探究三个目标维度所要求的知识、技能与情感态度价值观。如此操作的意图在于，这些细化结果既能确定学生的学习目标，又能为学生、家长和公众提供一个共同的参考点，他们可以按照某一活动所要求的质和量来判断学生的表现。

表9.1 掌握大观念的学习要求所需的本领

学习阶段	维度	四年级
前期准备	自然	1. 了解风景区的主要景点，体会风景区环境和自己的关系。 2. 通过调查、采访、观摩、查阅文献等途径了解"梅花小导游"的基本意义和要求。 3. 乐于参加各种亲近自然的小组活动，在小组中乐于承担一定的角色和分工。 4. 丰富对风景区的认识，激发探究的热情，并能身体力行。
	社会	5. 了解风景区的基本地理位置以及所属的村落、街道等。 6. 通过参观、考察、远足、走访等活动了解风景区及其社会周边的风土人情风俗。 7. 通过查阅文献、调查访谈等途径了解导游解说词准确、趣味、有条理等基本特点。 8. 积极参与社区和风景区的社会实践与服务活动，了解社会行为规范。
	自我	9. 了解并愿意描述自己的兴趣、爱好、特长和不足。 10. 了解并尝试设计一次准备活动，知道自己在小组中的角色，积极参与小组各阶段的活动，愿意表达自己的观点和感受。 11. 在小组中愿意承担力所能及的任务，并能主动与人交往、融入集体，为同伴提供适宜的帮助。

续表

学习阶段	维度	四年级
组队申报	自然	12. 知道1—3个景点,并有共同了解、探索的兴趣。 13. 通过个别交谈、模拟尝试等途径了解野外安全防卫知识,譬如识别危险与自我保护的方法。 14. 初步形成接触自然、探索自然的小组意识,并付诸实践。
	社会	15. 了解组内各成员的特长,知道并争取相应的物质支持,如教师、家长和其他社会人士的帮助。 16. 知道并尝试运用查访、探访的途径了解相关景点以及能提供帮助的人群。 17. 尊重他人的生活特点和个性特点,小组成员之间乐于协作。
	自我	18. 了解自己的野外活动的基本身体素质,以及相应的智能储备。 19. 具有一定的语言沟通能力,愿意并乐意在活动中描述自己的感受与体会。 20. 在团队活动中遵守纪律,明确自己的职责与任务。
制定方案	自然	21. 对自己所研究的景点历史文化有较清晰的认识,明确课题的意义与价值。 22. 接触自然,丰富对自然的认识,体会环境保护与自己生活的关系,激发对本课题研究的热情。 23. 开展一个自我救护知识讲座。 24. 组织一次认识超山梅花、了解梅花知识的活动。
	社会	25. 通过参与方案的讨论、制定,发展人际交往能力,培养合作的品质。 26. 关爱身边的人,能为改善团队做贡献。 27. 设计一份调查表格,调查了解家长、社会能提供的帮助。 28. 策划一次班级家长会,并进行合理的分工。
	自我	29. 乐意在沟通与协调中,根据自己的兴趣爱好特长,选择角色,明确分工。 30. 积极参与方案的制定和修缮,愿意表达自己的观点与感受。 31. 通过文字,图画,展现自己的观察与思考。 32. 设计一份宣传超山梅花小报。 33. 开展一次队会,展示自我特长。

续表

学习阶段	维度	四年级
研究实践	自然	34. 通过上网、书籍查阅资料,采访景区工作人员、当地村民,观摩景区导游,写游记或观察日记等途径收集、整理、筛选感兴趣景点资料。 35. 丰富景点认识,激发探究的热情,并身体力行。 36. 有较强的人与自然的自我调节能力和强烈的环保意识。
	社会	37. 熟知景点文化,学会和掌握一定的表达和传播技能。 38. 尝试与小组成员合作编写导游演说词或活动感受,或图文宣传报道;乐于与他人交流、分享,善于表达自己的想法和见解;有帮助组内解决困难,化解矛盾的能力。 39. 对户外活动、陌生环境可能潜在的危机,具有防范意识。
	自我	40. 乐意在活动中描述自我感受、兴趣和特长。 41. 愿意承担、明确组内任务,并能积极自觉地完成所承担任务;能虚心听取他人意见,能对他人作出客观评价,并能提出自己的调整建议。 42. 有一定的社会交际能力,能对他人作清楚的说明;有一定的遇事应变能力。
演练评估	自然	43. 亲身参加各种活动,在活动中欣赏景区,主动参与到关心景区的环境保护中来。 44. 通过导游词、照片、小报等多种形式来展现所选景点的特点(风光、民俗)。 45. 通过汇报,体现对风景区的热爱之情,激发进一步探究。
	社会	46. 能主动向别人介绍获得的景区知识,从而提高人际交往能力,锻炼自身能力。 47. 主动观察风景区和周边社区的卫生习惯、语言文明等问题,并提出相关的建议。 48. 在小组汇报中能体现合作意识,培养集体荣誉感。
	自我	49. 以整洁、健康的形象参与各类活动。 50. 小导游能口齿清楚,镇定自如地介绍所选景点的知识。 51. 小导游能大方、正确地回答听众的问题。 52. 根据自己的兴趣爱好、特长等选择景点做好导游汇报,展现自身良好的素质。 53. 通过展示,发现队员获取信息、选择信息和处理信息的能力,从而整理出合适的导游词。

续表

学习阶段	维度	四年级
展示交流	自然	54. 通过"梅花小导游"活动,了解风景区过去与现在不同的自然风景。 55. 能熟练介绍风景区的所选景点,并尝试根据不同听众调整介绍形式。 56. 在风景区设计并举办一次环保宣传活动,理解人与自然相互影响、相互依存的关系,认识到保护环境人人有责。
	社会	57. 正确使用礼貌用语,学习与人交往。 58. 在学校、家庭范围内开展服务活动。 59. 参与校园和社区内的多种文化活动,在活动中丰富生活情趣。
	自我	60. 以整洁的形象参与"梅花小导游"为主题的各类活动,明确职责和任务。 61. 在活动中口齿清楚、镇定自若地展示成果和表达自己的观点。

依据这些要求,"梅花小导游"的学习与体验活动的评价采用多元化视角。依据课程目标选取合适的评价方式,例如以作品制作、表演、实验、作业、欣赏或其他实践行为为主要形式的检验表、评量表;以口试、口头报告、会谈等为主要形式的口头式评价;以研究报告、游记、日记、会议纪录、花絮,或诸如图片、图画、视频等为主要形式的档案袋评价。

相关成绩来源主要有三:(1)即时性的小组评价,即以小组为单位进行的即时评价或建议;(2)阶段性成长档案袋评价,即以阶段性记录为主的档案袋评价类型有目的地汇集学生学习和体验活动情况,记录学生在日常学习、人际交往和情感探究等领域的活动历程、成果及感受,制作并收集活动中成长和发展的一系列材料;(3)结果性评价,即学生对活动全程探究与感悟的最终汇报。

(七)建设活动平台与内容

成立"梅花小导游"活动项目开发小组,召集一批有思想、有创意的教师、学生、家长以及风景区工作人员组成开发小组,根据学生需求不断开发新的"梅花小导游"活动,从而不断丰富综合实践活动课程的内容及实施形式。

考虑到四年级学生还需要一定的支持,活动项目开发小组通过"结构化处理"的方式,以"梅花小导游"这一中心点为本课程的实践内容建立一个框架,就像写文章需先写一个提纲,从而使探究学习内容不再杂乱无章,每一部分都紧密联系,形成一个如表9.2所示的整体课程实施内容与形式。

表 9.2　"梅花小导游"课程的实施内容与形式

十大景点	探究项目备选	活动的基本方式（供参考）	结果呈现的基本形式（供参考）
罗浮桥、缘溪亭、吴昌硕纪念馆、宋梅、浮香阁、大明堂、梅花大道、临水梅轩、超然山人、香雪海草坪等。	各大景点的历史、名人轶事、民间传说、故事歌谣、风土人情、环境保护等。	"调查"、"考察"、"实验"、"探究"、"设计"、"操作"、"制作"、"服务"等一系列活动。	文字、图片、图文、视频、板报、宣传册、广播站、博客、QQ 群等渠道与形式。

开发小组也审视了课程所需时间，在保证基本课时（每周 3 课时）总数的前提下给予小学生弹性的时空环境，允许不同的学习小组或个体有不同的学习进度，保证小学生活动的连续性、长期性。同时注意利用周末、节假日等课外时间，保证综合实践活动的充分开展。

（八）合理地介入及指导

在倡导实践性、自主性和生成性的前提下，"梅花小导游"的实施强调教师对四年级学生的指导，要求指导教师从习惯的、传统式的灌输者、支配者转变为引导者、协作者。因为四年级小学生的身心发展水平以及"梅花小导游"课程"目标与操作高度一体化"等特点决定了教师要在以下方面给予切实的指导：(1)前期准备阶段，教师要关注学生的直接经验和兴趣志向，善于创设主题情境，激发学生的求知欲和表现欲，引导学生确定小导游活动的主要风景板块，确定景点与历史、社区、自然及自我等探究方向。(2)组队申报阶段，教师需从景点选择、小组组建、组内分工和指导教师选择等方面进行可行性建议及指导。(3)制定方案阶段，教师需紧密关注学生预期的目标、时间、阶段和方法，引导学生亲历并熟谙倾听、陈述、交流和辨析等基本途径与技巧。(4)研究实践阶段，教师需督促和激励四年级学生亲历"梅花小导游"的实践与探究活动，引导学生逐渐养成不怕困难、坚持到底的意识与行为。(5)演练评估阶段，教师可通过小游戏、校园模拟和实地演练等途径引导学生进行思维碰撞、改善分工技巧、巩固合作方式，积极申请并参加"小导游"的过关体验。(6)展示交流阶段，教师需引导四年级学生遵照"合不合适、出不出彩"的原则选择成果呈现方式，并在保障安全的基础上组织和落实汇报演出、现场PK、实地导游等展示活动。

除去上述一般指导要求外,对于四年级中学习及掌握程度不一的小组及个人,以上方面指导的目标及方法应有所不同,能力较弱、运作较慢的小组及个人,教师的指导力度应适当加大。这是因为:(1)在指导过程中,教师要积极成为孩子的知心人,关注学生的真实想法和情绪变化,及时了解"小导游"亲历过程中的进度与体验,给予适时的鼓励和建议,帮助他们在各个阶段的活动中发掘更精彩、更有个性的景区素材、交往技巧和表达方式。(2)在具体探究过程中,及时关注学生兴趣变化,允许学生在一定范围内更改和完善即将服务的景点资料和探究主题。在自由与规范之间寻求平衡,在力保他们自尊心、自信心的前提下深入探究和体验自己感兴趣的人物、景点及相关主题活动。促进儿童发挥想象力和创造力,在"梅花小导游"的实践、演练、评估和交流等活动中获得丰富多彩的学习体验和个性化的表现。(3)在各个阶段中,教师应提醒和督促学生第一手及后续材料的整理、保管和存放,争取让双林小学四年级的每一位学生留下"梅花小导游"的成长轨迹,使他们乐于反思、勇于修正,并能举一反三,敢于再实践、再体验。

三、活动指南的分享

根据以上开发思路及相关后续行动,课程委员会最终决定为学生提供如下"梅花小导游"活动指南。

"梅花小导游"活动指南

▶课程类型:校本课程　　　▶教学材料:自编教材《梅花小导游》

▶授课时间:24—27课时　　▶授课教师:杭州市余杭区双林小学　杨正刚

▶授课对象:双林小学2014届四年级三个班136名学生

亲爱的小朋友,欢迎你参与学习"梅花小导游"。这门课邀请你担任我们超山十大景点的小导游,希望你能向旅客精彩地介绍家乡、推荐家乡,体验搜集信息、处理信息和展示交流的基本历程,让我们更快、更好地融入生活、融入社会,发展良好的个性品质。

(一)你将学会哪些本领

学完本课程后,总体上你需要达到下述四个方面的要求:1.亲近并探究自然,热爱自然,初步形成自觉保护周围自然环境的意识和能力。2.考察周围社会环境,初步形成反思、探究社会问题的习惯,自觉遵守社会行为规范,增长社会沟通能力,初步养成服务社会意识和对社会负责的态度。3.初步具有认识自我的能力,初步具有自主选择和独立做出决定的意识和能力,养成勤奋、积极的生活态度。4.富有好奇心和求知欲,初步养成从事探究活动的态度,发展探究问题的初步能力。

具体说来,你能进行自我批判与反思、自我定位与认同,通过与同学的合作开展合理的探究过程,表现出保护环境的一些行动。你应在前期准备、组队申报、制定方案、研究实践、演练评估和展示交流等6个学习步骤中主动地获取知识、应用知识,进行探究解决问题,以发展自我认识与实践能力、增强社会服务意识与公民责任感。1.前期准备:逐渐了解并熟悉景点、社区和自我的基本情况;明确小导游的基本意义和要求。2.组队申报:对活动表示出兴趣,有明确的景点选择,并有3个成员或以上,小组内有基本分工,有固定的指导教师。3.制定方案:从意义、步骤、活动时间、预期目标等方面初步形成书面的活动方案,鼓励同学通过倾听、陈述、交流等形式修缮方案。4.研究实践:小组分工明确,同学们按照既定方案深入实地考察研究,借助一定的工具收集并处理信息资料,对活动内容和自己的看法、感受有记录并保留。5.演练评估:独立地或在教师的指导下根据自己搜集并筛选的资料进行模拟或实地演练,申请并参加由学校组织的"小导游"项目考核。6.展示交流:利用节假日等业余时间或由学校统一组织的时间进行有效地汇报演出、现场比赛、实地导游等展示与交流活动。

要成为一名合格的"梅花小导游",上述步骤是你需要经历的,即图9.1所示的前期准备、组队申报、制定方案、研究实践、演练评估、展示交流等六个步骤;

而且在活动中你需达到如下每个步骤包含的具体要求:

学习阶段	维度	四年级
前期准备 （3课时）	自然	1. 了解风景区的主要景点，体会风景区环境和自己的关系。 2. 通过调查、采访、观摩、查阅文献等途径了解"梅花小导游"的基本意义和要求。 3. 乐于参加各种亲近自然的小组活动，在小组中乐于承担一定的角色和分工。 4. 丰富对风景区的认识，激发探究的热情，并能身体力行。
	社会	5. 了解风景区的基本地理位置以及所属的村落、街道等。 6. 通过参观、考察、远足、走访等活动了解风景区及其社会周边的风土人情。 7. 通过查阅文献、调查访谈等途径了解导游解说词准确、趣味、有条理等基本特点。 8. 积极参与社区和风景区的社会实践与服务活动，了解社会行为规范。
	自我	9. 了解并愿意描述自己的兴趣、爱好、特长和不足。 10. 了解并尝试设计一次准备活动，知道自己在小组中的角色，积极参与小组各阶段的活动，愿意表达自己的观点和感受。 11. 在小组中愿意承担力所能及的任务，并能主动与人交往、融入集体，为同伴提供适宜的帮助。
组队申报 （3课时）	自然	12. 知道1—3个景点，并有共同了解、探索的兴趣。 13. 通过个别交谈，模拟尝试等途径了解野外安全防卫知识，譬如识别危险，自我保护的方法。 14. 初步形成接触自然、探索自然的小组意识，并付诸实践。
	社会	15. 了解组内各成员的特长，知道并争取相应的物质支持，如教师、家长和其他社会人士的帮助。 16. 知道并尝试运用查访、探访的途径了解相关景点以及能提供帮助的人群。 17. 尊重他人的生活特点和个性特点，小组成员之间乐于协作。
	自我	18. 了解自己的野外活动的基本身体素质，以及相应的智能储备。 19. 具有一定的语言沟通能力，愿意并乐意在活动中描述自己的感受与体会。 20. 在团队活动中遵守纪律，明确自己的职责与任务。

续表

学习阶段	维度	四年级
制定方案 （4课时）	自然	21. 对自己所研究的景点历史文化有较清晰的认识，明确课题的意义与价值。 22. 接触自然，丰富对自然的认识，体会环境保护与自己生活的关系，激发对本课题研究的热情。 23. 开展一个自我救护知识讲座。 24. 组织一次认识超山梅花、了解梅花知识的活动。
	社会	25. 通过参与方案的讨论、制定，发展人际交往能力，培养合作的品质。 26. 关爱身边的人，能为改善团队做贡献。 27. 设计一份调查表格，调查了解家长、社会能提供的帮助。 28. 策划一次班级家长会，并进行合理的分工。
	自我	29. 乐意在沟通与协调中，根据自己的兴趣爱好特长，选择角色，明确分工。 30. 积极参与方案的制定和修缮，愿意表达自己的观点与感受。 31. 通过文字，图画，展现自己的观察与思考。 32. 设计一份宣传超山梅花小报。 33. 开展一次队会，展示自我特长。
研究实践 （5课时）	自然	34. 通过上网、书籍查阅资料，采访景区工作人员、当地村民，观摩景区导游，写游记或观察日记等途径收集、整理、筛选感兴趣景点资料。 35. 丰富景点认识，激发探究的热情，并身体力行。 36. 有较强的人与自然的自我调节能力，和强烈的环保意识。
	社会	37. 熟知景点文化，学会和掌握一定表达和传播技能。 38. 尝试与小组成员合作编写导游演说词或活动感受，或图文宣传报道；乐于与他人交流、分享，善于表达自己的想法和见解；有帮助组内解决困难，化解矛盾的能力。 39. 对户外活动、陌生环境可能潜在的危机，具有防范意识。
	自我	40. 乐意在活动中描述自我感受、兴趣和特长。 41. 愿意承担、明确组内任务，并能积极自觉地完成所承担任务；能虚心听取他人意见，能对他人作出客观评价，并能提出自己的调整建议。 42. 有一定的社会交际能力，能对他人作清楚的说明；有一定的遇事应变能力。

学习阶段	维度	四年级
演练评估 （6课时）	自然	43. 亲身参加各种活动，在活动中欣赏景区，主动参与到关心景区的环境保护中来。 44. 通过导游词、照片、小报等多种形式来展现所选景点的特点（风光、民俗）。 45. 通过汇报，体现对风景区的热爱之情，激发进一步探究。
	社会	46. 能主动向别人介绍获得的景区知识，从而提高人际交往能力，锻炼自身能力。 47. 主动观察风景区和周边社区的卫生习惯、语言文明等问题，并提出相关的建议。 48. 在小组汇报中能体现合作意识，培养集体荣誉感。
	自我	49. 以整洁、健康的形象参与各类活动。 50. 小导游能口齿清楚、镇定自如地介绍所选景点的知识。 51. 小导游能大方、正确地回答听众的问题。 52. 根据自己的兴趣爱好、特长等选择景点做好导游汇报，展现自身良好的素质。 53. 通过展示，发现队员获取信息、选择信息和处理信息的能力，从而整理出合适的导游词。
展示交流 （3课时）	自然	54. 通过"梅花小导游"活动，了解风景区的过去、现在的不同自然风景。 55. 能熟练介绍风景区的所选景点，并尝试根据不同听众调整介绍形式。 56. 在风景区设计并举办一次环保宣传活动，理解人与自然相互影响、相互依存的关系，认识到保护环境人人有责。
	社会	57. 正确使用礼貌用语，学习与人交往。 58. 在学校、家庭范围内开展服务活动。 59. 参与校园和社区内的多种文化活动，在活动中丰富生活情趣。
	自我	60. 以整洁的形象参与"梅花小导游"为主题的各类活动，明确职责和任务。 61. 在活动中口齿清楚、镇定自若地展示成果和表达自己的观点。

（二）你的成绩怎么来的

你的成绩来源包括三大部分，它反映了你对上述学习目标的掌握情况。第一部分成绩来自即时性小组荣誉榜，它包括"守纪律、勤参与、会合作、金点子、俏仪态、真风采"等六个方面，评价等级有"要努力"、"还可以"、"真不错"等三种水平。评价主体可以是教师、同伴和他组同学。

_____阶段小组荣誉榜

	守纪律	勤参与	会合作	金点子	俏仪态	真风采	总评
××小组							
××小组							
××小组							
××小组							
评价等级：要努力；还可以；真不错。							

第二部分成绩来自阶段性的成长档案记录袋，这个记录袋要求你记录日常学习、人际交往和情感探究等领域的活动历程、成果及感受，制作并收集活动中成长和发展的一系列材料。操作时，建议制作个人的成长档案记录袋(见下表)。

我的成长档案记录袋　　___年 ___月

我的自画像	反映你的样貌、兴趣、特长和缺点、不足等。					
项目主题和我的选择	建议反映你所在小组确立的项目主题以及个人的选择、小组分工及其过程体验。					
活动目标和步骤：建议反映你及所在小组确立的活动目标及活动的一般步骤。						
活动的任务和过程	序号	时间	任务	人员	场所	达成情况
	活动成果及感受					
建议你以记录、实录、数据、照片、视(音)频、互动评价为主要形式的反映你及所在小组活动成果、感受和意见的各种信息资料。						

关于这部分的评价内容，你要注意下面五个部分的内容：(1)我的自画像，反映个人的样貌、兴趣、特长和缺点、不足等。(2)项目主题和我的选择，反映个人所在小组确立的项目主题以及个人的选择、小组分工及其过程体验。(3)活动目标及步骤描述，反映个人及所在小组在教师指导下确立的活动目标及活动的一般步骤。(4)活动的任务

和过程，反映个人及所在小组在具体实践中的活动时间、任务、人员、场所以及达成情况。(5)活动成果及感受，以记录、实录、数据、照片、视(音)频、互动评价为主要形式的反映个人及所在小组活动成果、感受和意见的各种信息资料。

第三部分成绩来源来自结果性评价，它将在你们小组期末汇报时从仪容仪表、服务规范、内容组织、语言表达和风景区知识等五个方面进行评价，其中前四个方面的要求如下：(1)仪容仪表，包括着装、发型、面容、姿态。(2)服务规范，包括话筒持法、面对游客、所站位置。(3)内容组织，要求重点突出、条理清晰、内容全面、有针对性。(4)语言表达，要求流畅、通俗易懂，语音、语调、语速合适。

简要地说，你的成绩为这三部分成绩之和，从分数分布情况看，你的成绩＝第一部分成绩(占总分100分中的30分)＋第二部分成绩(占总分100分中的40分)＋第三部分成绩(占总分100分中的30分)。为争取好成绩，你可要多多努力呀。

(三) 你将参与哪些主要活动

你要打交道的十大景点有罗浮桥、缘溪亭、吴昌硕纪念馆、宋梅、浮香阁、大明堂、梅花大道、临水梅轩、超然山人、香雪海草坪。按照东园、西园之分可将十大景点分为两部分：东园包括罗浮桥、缘溪亭、吴昌硕纪念馆、宋梅、浮香阁、大明堂等六处，西园包括梅花大道、临水梅轩、超然山人、香雪海草坪等四处。每位合格的梅花小导游需能服务东园、西园各一处景点，当然啦，如果可能你可为全部十大景点提供导引、介绍等服务。

围绕超山十大景点，每周你将至少有3个课时参与活动，参与活动过程主要为上面六个步骤，下表为你提供了可供参考导游活动的景点、探究项目、活动方式、结果呈现方式。在课程学习整个过程中，请你经常想想"我该如何与自己、他人相处？"、"探究具有什么样的基本要求？"、"我要用什么行动来体现我是爱护自然与环境的？"这样会帮助你在开展"梅花小导游"课程的六个步骤中获得更丰富、更深刻的体会。

主要问题
1. 我该如何与自己、他人相处？
2. 探究具有什么样的基本要求？
3. 我要用什么行动来体现我是爱护自然与环境的？

续表

十大景点	探究项目备选	活动的基本方式（供参考）	结果呈现的基本形式（供参考）
罗浮桥、缘溪亭、吴昌硕纪念馆、宋梅、浮香阁、大明堂、梅花大道、临水梅轩、超然山人、香雪海草坪等。	各大景点的历史、名人轶事、民间传说、故事歌谣、风土人情、环境保护等。	"调查"、"考察"、"实验"、"探究"、"设计"、"操作"、"制作"、"服务"等一系列活动。	文字、图片、图文、视频、板报、宣传册、广播站、博客、QQ群等渠道与形式。

四、课程规划的总结

课程方案实施不久，不少小导游都纷纷表达了自己的喜悦，一年一度的中国超山梅花节，更是双林小学四年级学生倍感欣喜的日子：因为有了"梅花小导游"这一课程载体，孩子们可以在风景区看梅花、说梅花、赞梅花——梅花即是孩子，孩子亦即梅花！

有个女孩说道："我觉得在这里做梅花小导游比在课堂里上课有意思多了！"

女孩又道："呵呵，我学会怎么和陌生人打招呼，学会了怎样吸引游客，学会了……"

面对好多这样的四年级女孩，"人小鬼大"这样的形容词怕是力有未逮。不过对于这些参与本次超学科课程规划与实施的教师来说，还是能够接受，不至于感到意外的。回顾整个课程开发过程，课程委员会总结了本次"梅花小导游"课程规划的成功之处。

（一）基于学生提出的问题，有利于促进学生主动发展

"能不能将书本知识用到生活中？能不能将几门学科综合应用？能不能将课堂搬到超山风景区？"当"梅花小导游"课程规划到位，孩子们的上述呼声自然而然地得到了回应及兑现。于是，孩子们进而提出："大明堂的'明'字为何多了一横？超山梅花为什么是六瓣的？梅花大道上究竟有多少品种的梅花？吴昌硕先生为什么选择葬在超山？"

上述种种问题的提出与探究，在传统的学科教学中似乎比较少见，更关键的是四年级的孩子还能积极地将问题转化为研究的课题、转化为研究的行动：图书馆、微机室、实验室、走廊上、梅林中、风景区，微微有些忙乱的孩子从九月坚持到了次年一月，

从酷热的夏季坚持到了严寒的早春,有的成长为意气风发的"梅花小导游",也有的甘为幕后的拉拉队;有的拿出了五彩缤纷的手绘地图,也有的依旧握着残旧的演讲稿……直到"梅花节"开幕前后,四年级的孩子们才明白一个现实——并不是所有人都能成为"梅花小导游",但是任何人都可以为"梅花节"添砖加瓦。如果来年继续"梅花小导游"课程,孩子们会放弃吗?看着那一张张倔强的小脸、看着那一双双灵动的眼睛,谁会为产生更多的惊喜而意外呢?!

(二)基于真实的问题情境,有利于构建个性发展空间

"梅花小导游"课程并不意味着每个四年级的孩子都能成为"梅花小导游",这中间不仅没有矛盾,反而更符合超学科课程所倡导的开放性和多元化,更符合其所蕴含的"克服当前基础教育课程脱离学生自身生活和社会生活的倾向,面向学生完整的生活世界,引领学生走向现实的社会生活"的课程理念。

回顾"梅花小导游"课程的十大景点、六大步骤、三项评价措施,孩子们置身于真实的问题情境中,围绕"梅花小导游"这一核心主题以自己的兴趣、直接经验为出发点为自己和小组构建了一个个性化的发展空间与角色——噪音管理员、游玩路线规划人、宣传手册制作者、梅花小导游微视频达人以及最佳梅花小导游等等。"合适的才是最好!"或许四年级的孩子未必能理解这句话语的完整含义,但孩子们用实际行动验证了对这句话的理解——每个研究小组中能最终参与"梅花节"实地展示的不过两人,但其他成员并没有因此心生怨恨或者内讧离散。自我与小组之间"一荣俱荣、一损俱损"的健康意识与行为,使得孩子们为了小组的共同目标更加团结、更具兼容性。

(三)基于探究变化的需要,有利于引导学生实践创新

"梅花小导游"很小,在成人的眼里或许只是双林小学一班老师与小屁孩"闹着玩",可是,对于双林小学四年级的孩子们来说并没有这么简单。就拿规划来说,事先课程委员会就预料到实践的变化特征,强调规划可以"随机应变",不能墨守成规。例如:

宋梅亭的小导游很快发现了之前搜集并练习的导游词与现场的景点不太吻合,新景点的出现与老景点的淘汰"逼"得孩子们随机应变、现场修改。

梅花大道上的生意最闹猛,而游客的个性化意见也比较多,"梅花小导游"最绝的一招便是"指哪儿说哪儿",这比来自职高的"准导游"也高明了许多。

怎样让游客更好地了解并游览超山风景区呢？"梅花小导游"在实施过程中进行了一大创新——"手绘地图"，上面不仅有路线、景点和缓陡，还增加了时间安排、美食攻略以及一天拥堵时段的大致介绍……

双簧式小导游是403班一对小活宝想出来的。两个男孩都属于好胜心强、表现欲望浓厚的那一类，抢到了同一批游客却谁也不想退让，在游客们的怂恿下小哥俩的双簧式导游正式诞生！

"最萌小导游"、"最受欢迎的小导游"更是经验积累、规划之外的惊喜产物——"一说我们是小学生而且是免费的，哥哥姐姐、叔叔阿姨就放心了！""老奶奶们最喜欢我这类萌萌的、人畜无害的小男生了，你看……"

这些课程规划的经验让我们深信，课程规划一定要体现"课程是做出来的"。还是老祖宗说的在理："心中醒，口中说，纸上作，不从身上习过，皆无用也！""梅花小导游"为孩子们创设了丰富的世界！

附录

逆向课程设计的常用工具与技术

逆向设计的三个阶段涉及众多工具与技术，正文部分已罗列了相关内容，以下将按照三个阶段的顺序再补充一些常见的实用工具与技术，以供读者参考借鉴。

阶段一：确定预期的学习目标

1.1 设计要求

- 既有目标中是否包含了核心素养，它们之间是否相互匹配？
- 大观念的学习要求是否体现了既有目标的学习要求？
- 主要问题是否能激发真实的探究和深度思考，以及促进学习的迁移？
- 能否找出落实大观念的学习要求的所知、所能、所成？

1.2 设计要素

在阶段一，课程设计者需要思考图1① 所含要素。具体设计时需要考虑所有要素，但没

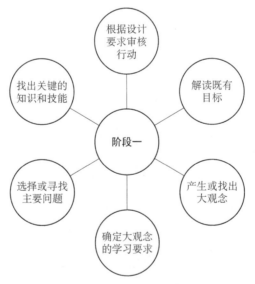

图1 阶段一的关键设计要素

---

① ［美］Grant Wiggins, Jay McTighe. 重理解的课程设计[M]. 赖丽珍, 译. 台北：心理出版社, 2008: 63.

有固定的顺序,设计者可从任何一点开始,需要结合学情分析、现有物资设备等加以确定。

1.3 找出技能中的大观念

寻找技能领域的大观念并不容易,我们可根据下列问题来考虑:

- 该技能包含哪些关键概念? 如议论文写作中的"劝说"、"对象";
- 该技能为何重要? 如议论文写作意图是"影响他人的信念和行为";
- 该技能包含哪些关键策略? 如有效的议论者会努力了解他们的对象,针对"研究对象"采取"逻辑顺序";
- 在什么情境脉络下实施该技能? 如知道何时诉诸情感,明晰"情感上的吸引"。

1.4 大观念的学习要求及其主要问题

使用一则以上的下列问题来过滤大观念,以找出可能的大观念的学习要求和主要问题。图2① 以大观念"科学方法"为例作一介绍。如果是其他大观念,可取代图2的"科学方法",并参考其方法寻找相应的学习要求及其主要问题。

大观念:

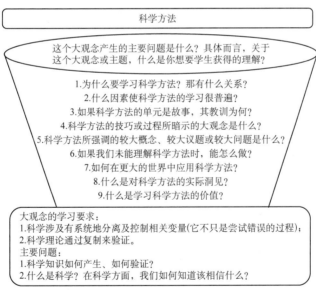

图2 找出大观念的学习要求及其主要问题

---

① [美]Grant Wiggins, Jay McTighe. 重理解的课程设计——专业发展实用手册[M]. 赖丽珍, 译. 台北: 心理出版社, 2008: 82. 引用时有适当修改。

1.5 找出技能中的主要问题

在技能领域的主要问题可根据下列来考虑：

- 该技能包含哪些关键概念？如阅读中的"你如何知道自己理解所读的内容？"；
- 该技能为何重要？如"为什么阅读者应该常常监控自己的理解？"显得那么重要；
- 该技能包含哪些关键策略？如"当优秀的读者不了解文本时，他们会怎么做？"；
- 在什么情境脉络下实施该技能？如"什么时候你应使用不同的'补救'阅读策略？"。

1.6 阶段一与表现性任务的联结

判断学习目标是否落实需要基于证据，逆向设计的阶段二就涉及了表现性任务的设计。通过收集学生在表现性任务上的表现，我们将获得相关学习证据，并以此来判断学生的学习情况。在指向核心素养的逆向设计中，不同的课程类型导致不同的既有目标，但在形式上处理的方法基本相同，下文以学科课程为例作一说明。图3[①]中省略了核心素养和数学核心素养，粗体部分代表形式，长箭头表示"以动词陈述或暗示的真实实作表现"与表现性任务的"直接"关系。当然，决定表现性任务的"间接"因素还包括大观念的学习要求和主要问题。

阶段二：决定可接受的学习结果

2.1 设计要求

- 是否通过表现性任务让学生展现他们对学习目标的理解？
- 是否采取标准参照的评价标准来判断学生的作品和表现？
- 是否采取除表现性任务以外的评价形式来获取学习证据？
- 是否鼓励学生进行自我评价或同伴评价？

2.2 设计要素

在阶段二，课程设计者要回答的核心问题是，在多大程度上，评价策略对于期望的学习结果提供了有效的、可靠的、足够的评价结果。具体设计时，需要思考图4[②]所示要素：

---

① ［美］Grant Wiggins, Jay McTighe. 重理解的课程设计——专业发展实用手册[M]. 赖丽珍,译. 台北：心理出版社，2008：122. 引用时有适当修改。

② 同上，p.138. 引用时有适当修改。

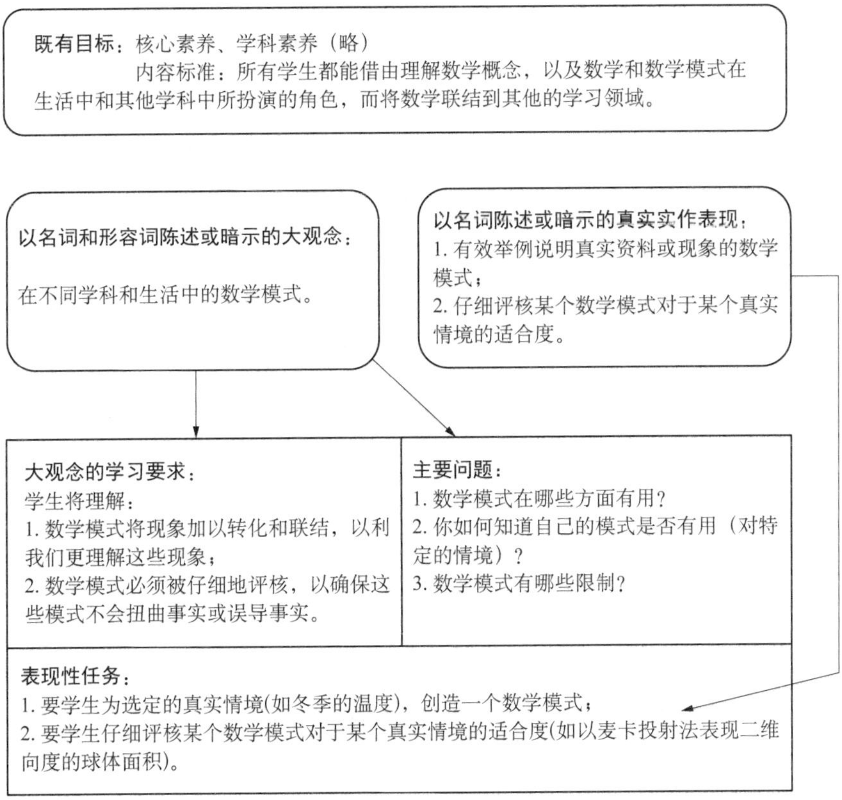

既有目标：核心素养、学科素养（略）
内容标准：所有学生都能借由理解数学概念，以及数学和数学模式在生活中和其他学科中所扮演的角色，而将数学联结到其他的学习领域。
以名词和形容词陈述或暗示的大观念：
在不同学科和生活中的数学模式。
以名词陈述或暗示的真实实作表现：
1. 有效举例说明真实资料或现象的数学模式；
2. 仔细评核某个数学模式对于某个真实情境的适合度。
大观念的学习要求：
学生将理解：
1. 数学模式将现象加以转化和联结，以利我们更理解这些现象；
2. 数学模式必须被仔细地评核，以确保这些模式不会扭曲事实或误导事实。
主要问题：
1. 数学模式在哪些方面有用？
2. 你如何知道自己的模式是否有用（对特定的情境）？
3. 数学模式有哪些限制？
表现性任务：
1. 要学生为选定的真实情境(如冬季的温度)，创造一个数学模式；
2. 要学生仔细评核某个数学模式对于某个真实情境的适合度(如以麦卡投射法表现二维向度的球体面积)。

图 3　阶段一与表现性任务的逻辑关系

根据设计要求审核行动
考虑阶段一的学习目标
确定学习目标所需证据
设计表现性任务
设计标准并用于评分
撰写其他证据所需任务
阶段二

图 4　阶段二的关键设计要素

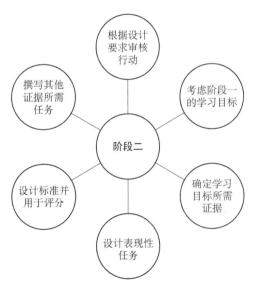

2.3 除了表现性任务涉及的评价方法还可以采取哪些评价方法？

除了利用图 4.1 所指向的正式评价方法和图 3.7 呈现的正式评价方法外，还可以采取一些非正式评价方法，例如对学生的课堂观察、与学生的对话。当然，评价主体未必都由教师把持，也可以是学生，例如学生开展的自我评价或同伴评价。

2.4 表现性任务的评价标准

表现性任务的质量可从指向明确、采样充分、表达清晰、实施可行、公平可信维度进行考察，表 1 采取高、中、低三种水平呈现了表现性任务的评价标准[①]。

表 1　表现性任务的评价标准

标准1：指向明确		
高	中	低
● 评价指向与期望的评价目标相吻合，学生有机会展现出所期望具备的能力水平； ● 任务具体地表明了所有的相关期望； ● 它还能激发学生充分表现。	● 评价指向多于或少于期望的评价目标； ● 任务表明了所有的相关期望，但个别地方不够具体。	● 评价指向与期望的评价目标不相吻合，学生没有机会展现出所期望具备的能力水平； ● 任务没有表明所有的相关期望。
标准2：采样充分		
高	中	低
● 任务数量或表现中的重复事例对于测量学习目标和判断各种学习水平是充分的。	● 任务数量或表现中的重复事例对于测量学习目标和判断各种学习水平是多余或不足。	● 任务数量或表现中的重复事例对于测量学习目标和判断各种学习水平是远远不够的。
标准3：表述清晰		
高	中	低
● 任务说明清晰明确，所有读者都能看懂或听懂任务的要求； ● 评价目标，如表现的种类和实现的目标，清楚地反映在评分规则中； ● 完成表现的条件，如时间限制，规定得很清楚。	● 任务说明清晰明确，所有读者都能看懂或听懂任务的要求； ● 评价目标，如表现的种类和实现的目标，清楚地反映在评分规则中，但评分规则本身有待改善； ● 完成表现的主要条件，如时间限制，规定得很清楚。	● 任务说明非常模糊，多数读者不能看懂或听懂任务的要求； ● 没有评分规则，或评价目标（如表现的种类和实现的目标）没有反映在评分规则中； ● 完成表现的条件，如时间限制，没有得到规定。

[①] 邵朝友.评分规则的理论与技术[M].杭州：浙江大学出版社,2018：78—83.

续表

标准4：实施可行		
高	中	低
• 学生有足够的时间和资料来完成这项任务； • 任务要求不会对学生或其他人造成危险，如学生当众表演会产生焦虑情绪； • 所有必要的资源都事先准备好； • 从结果来看，实施任务所付出的代价，如时间，是值得的。	• 学生有足够的时间和资料来完成这项任务，但时间安排得不够紧凑； • 任务要求不会对学生或其他人造成危险，如学生当众表演会产生焦虑情绪； • 总的说来，实施任务所付出的代价，如时间，是值得的。	• 学生没有足够的时间和资料来完成这项任务； • 完成任务会对学生或其他人造成危险，如学生当众表演会产生焦虑情绪； • 实施任务的代价不值得付出。

标准5：公平可信		
高	中	低
• 任务是真实的，来自学生熟悉的日常生活； • 如果解决评价任务的方法多重，但考察该种能力的标准是同样的； • 学生在宽松、不影响其表现的环境下解决问题； • 对特定的学生，如有学习障碍，会相应地调整任务的呈现方式或要求； • 任务不会有利于某种特定文化或语言背景下的学生。	• 任务不够真实，如任务的背景并非来自学生熟悉的环境； • 虽然解决评价任务的方法多重，但稍加调整就可用它们来考察某种能力； • 学生在相对宽松、不影响其表现的环境下解决问题； • 对特定的学生，如有学习障碍，一般会相应地调整任务的呈现方式或要求； • 只要稍加调整，就可以消除由于某种特定文化或语言背景对任务的影响。	• 任务脱离学生的日常生活； • 解决评价任务的方法多重，但考察该种能力的标准是不同； • 学生的表现受到环境的影响； • 特定的学生，如有学习障碍，会得到不准确的评价； • 任务有利于某种特定文化或语言背景下的学生。

2.5 高质量评分规则的特征

高质量评分规则具有基于目标、描述清晰、实施可行、关注公平四个特征，以下呈现的四个维度的表现，可作为评价评分规则质量的评价标准，成为教师开发和应用评分规则提供自评参照。

维度一：基于目标

- 内容完整而确切，内容及其认知要求与学习目标保持一致。
- 根据你的从教经验，你认为的评分规则的内容就是你评价学生作业或表现时所需要的。

● 制定者选用的内容既有代表性又很完整。评分规则涵盖了所有重要的因素,没有多余或无用的内容。

● 对表现的各个方面有适当的侧重,对重要内容强调得多,对次要内容则描述得少一些。

● 评分规则的内容很生动。它能帮助你理清思路,知道什么样的表现是合格的,还能帮助你促进学生对合格标准的认识。

维度二:描述清晰

● 最高等级的描述反映了学习目标的要求,描述具体,不会产生歧义。

● 评分点的数目代表了学生表现的不同典型水平,依据这些评分点的描述能区分学生不同的表现水平。

● 每个等级的水平描述明确,用词准确且易于理解,能抓住代表不同水平的典型特征,并至少配置两个相应的学生表现案例。

● 评分规则的整体呈现非常简洁,各个内容组织有序,评价者一目了然地明白评价的内容,而且无论对于教师还是学生评分规则的"界面"是友好的。

维度三:实用可行

● 在不同教师对同一个成果或表现给出评定的情况下,整体的评分一致性较为合理,单个评分点上评分者一致性很高。

● 如果评分规则是绝对量表,教师能用此对不同学校、不同时间和不同学生的作业使用一致的评分标准。如果是相对量表,教师可以在不同的时间、不同的学校,对处于同一年级段的不同学生作业使用该评分规则。

● 评分规则的操作性强,没有太多需要理解的东西;教师与学生能很快掌握它的用法。

● 评定结果可以直接转为下一步的教学目标。比如说,如果学生的写作技能较差,这一评分规则能告诉你该如何开展教学以改善学生在写作上的表现。

● 在促进学生学习的目的下,涉及复杂的成果或表现时,评分规则通常是分项评分规则而不是整体评分规则。

● 评分规则多是通用评分规则而不是特定任务的评分规则。换句话说,评分规则可以用于较广泛的领域,而不是只能用于特定的内容或任务。

● 学生可以运用这一评分规则自己修改作业,提出学习计划,并发现自己的进步。评分规则对学生使用的方法有具体的指导。评分规则说明得非常清晰,使得那些成绩较差的学生也能明确提高成绩的措施。评分规则的评定是发展性的,低分并不意味着"差"或"失败"。

● 是适合学生使用的评分规则版本,学生们很愿意使用它。

维度四:关注公平

● 阅读难度适合正常班级的各个水平的学生。语言风格平易,适用于多种学习方式的学生,即使对于汉语为第二语言的学生,他们也可以理解这一评分规则的表达方式。

● 评分规则的内容经过正式的审阅,不含偏见,指出使用评分规则时需要考虑的所有可能的条件,如学生的笔迹和性别或种族并不会影响评定的结果。

● 措辞温和,是在描述表现的一种状态而非判断学生的价值。

2.6 可能的作品和实作表现

针对学习目标,学生的哪些作品或表现可作为证据?表2[①] 列出了可能的项目以供读者参考。

表 2　可能的作品和实作表现

书面的	广告;自传;新书介绍或书评;小册子;纵横字谜;社论;小论文;实验记录;历史小说;实验报告;书信;日记;备忘录;杂志报道;新闻报道;报纸报道;戏剧;诗歌;立场声明;提案;研究报告;剧本;故事;测验;网站。
口头的	录音带;对话;辩论;讨论;读剧本;戏剧化;晤谈;口头简报;口头报告;朗读诗歌;木偶戏;广播剧本;饶舌歌;滑稽短剧;歌曲;演说;教学。
视觉的	广告;横幅标语;漫画;拼贴画;电脑绘图;资料展示;设计图;图解;背景模型;展示;绘图;幻灯片;传单;游戏;图表;地图;模型;绘画;摄影;海报;问卷;雕塑;剪贴簿;幻灯片播放;情节串联图板;录影带;网站。

---

① [美]Grant Wiggins, Jay McTighe. 重理解的课程设计——专业发展实用手册[M]. 赖丽珍, 译. 台北: 心理出版社, 2008: 175. 引用时有适当修改。

阶段三：设计学习经验及教学活动

3.1 设计要求

根据第五章第一节内容，可以问题形式提炼出如下学习活动设计的基本要求：

- 学生是否知道学习目标、相关评价标准？
- 是否围绕大观念、主要问题组织学习活动？
- 学习活动是否能激发学生探究兴趣？
- 是否提供学生重新思考、练习、改善学习的机会？
- 学生有机会评价自己的学习，然后设定学习目标吗？

3.2 设计要素

在阶段三，课程设计要回答的核心问题是，如何更好地促使学生掌握设定的学习目标。具体设计时，需要思考图5[①]所示要素：

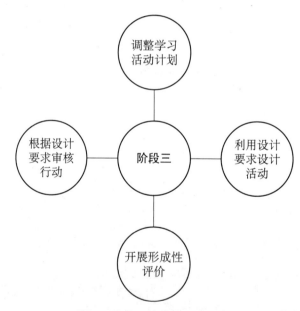

图5 阶段三的关键设计要素

[①] [美]Grant Wiggins, Jay McTighe.重理解的课程设计——专业发展实用手册[M].赖丽珍,译.台北：心理出版社,2008：216.引用时有适当修改。

3.3 吸引学生兴趣

有效的教学总能吸引学生学习兴趣,有经验的教师都知道吸引并维持学生学习兴趣的重要性。下面罗列了常见的吸引学生学习兴趣的做法:有趣的问题或话题;反常或反直觉的事例;促进课堂讨论的导入;对学生提出的挑战;角色扮演或模拟;幽默或笑话;实验演示。

3.4 常见的学习或教学方式

为帮助学生探索主要问题,获得大观念的学习要求,以课堂为参照可分为课堂内与课堂外的学习或教学方式。后者主要有回家作业及其他的课堂外学习,前者又可分为直接教学与间接教学。直接教学主要由教师主导,间接教学主要由学生进行意义建构。表3① 罗列相关常见的做法:

表3 可能的作品和实作表现

直接教学	帮助学生:比较概念和信息;找信息;评价资讯和概念;产生及验证假设;表达概念;管理自己的时间;监控自己的理解;组织信息;劝说他人;检讨彼此的学习;修正自己的学习;使用问题解决策略;自我评价;摘要关键概念。
间接教学	实例:概念获得;研究(如'自我探索'专题);历史研究;科学实验;问题解决的学习;创意的表达;艺术的表达或制作;议题探究;建造作品的专题;苏格拉底式研讨;模拟。

3.5 组织学习活动

教师组织学习活动时,可按两种逻辑来进行。一是"按内容"教学的逻辑,二是"跨内容"教学的逻辑。相比之下,前者以直接传授方式涵盖信息,后者以归纳式、探究导向式"发现"知识。表4② 呈现两种方式的具体内涵:

3.6 阶段三的评价与阶段二的评价的区别

在阶段二和阶段三都有评价设计,但它们所含的评价性质有所不同。总体上,这种区别可用表5③ 来表示:

---

① [美]Grant Wiggins, Jay McTighe.重理解的课程设计——专业发展实用手册[M].赖丽珍,译.台北:心理出版社,2008:222.引用时有适当修改。
② 同上,p.228,引用时有适当修改。
③ 同上,p.236,引用时有适当修改。

表4 组织学习活动的两种方式

"按内容"教学的逻辑	"跨内容"教学的逻辑
1. 以逻辑的、步骤化的方式呈现信息(教师如同导游); 2. 遵循教科书的内容顺序; 3. 从事实及基本技能推到更上位的概念和程序; 4. 学生面对由既有目标决定的广泛教材; 5. 有选择性地应用实作及其经验式学习活动,因为这些活动花费相当多的时间; 6. 在要求学生应用所学之前,先教导及测验个别的知识。	1. 把课程单元想象成展开的故事或问题; 2. 以吸引人的事物开始教学,然后进行必要的教学。在应用之前,不会一开始就灌输大量信息; 3. 使教学顺序更令人惊喜、更不易预测; 4. 确保单元有"示范—练习—反馈—调整"等固有的持续循环; 5. 聚焦在可迁移的大观念上; 6. 在整体和部分之间来回转移,而非先教完所有片段的、无情境设定的信息。

表5 三种类别的课堂评价

阶段三的学习评价		阶段二的学习评价
诊断性: 1. 在教学之前实施的评价,目的在于查核学生的先备知识,找出其错误概念、兴趣,以及找出其偏好的学习风格; 2. 诊断性评价提供的信息能帮助教师设计和实施因材施教的活动; 3. 实例有前测、学生调查、技能查核等。	形成性: 1. 持续的评价提供信息以指引教学,进而改进学生的学习和实作表现; 2. 形成性评价包括正式和非正式的评价方法; 3. 实例有随堂测验、口头提问、观察、草稿作品、出声思考、服装展示排演、学习档案评阅。	总结性: 1. 总结性评价在单元、课程或学期结束时进行,以根据确认的成就目标判断学生熟练或精熟的程度; 2. 总结性评价通常会产生分数或等级; 3. 实例有正式测验、实作任务、期末考、总结的专题或实作、作品档案。

其他参考文献

[中文部分]

[1] 蔡清田.素养:课程改革的DNA[M].台北:高等教育文化事业有限公司,2011.

[2] 蔡清田.课程发展与设计的关键DNA:核心素养[M].台北:五南图书出版公司,2012.

[3] 褚宏启.以核心素养引领教育教学改革[J].中国德育,2016(1):1.

[4] 褚宏启.核心素养的概念与本质[J].华东师范大学学报(教育科学版),2016(1):1—3.

[5] 崔允漷.基于标准的学生学业成就评价[M].上海:华东师范大学出版社,2008.

[6] 崔允漷.素养:一个让人欢喜让人忧的概念[J].华东师范大学学报(教育科学版),2016(1):3—5.

[7] 李艺,钟柏昌.谈"核心素养"[J].教育研究,2015(9):19-25,65.

[8] 林崇德.论学科能力的结构与特点[J].教学月刊(小学版),2002(1):4-6.

[9] 林崇德.从智力到学科素养[R].上海:上海市教委,2012.

[10] 柳夕浪.从"素质"到"核心素养"——关于"培养什么样的人"的进一步追问[J].教育科学研究,2014(3):7-13.

[11] 邵朝友.教师如何研制表现性任务:从目标分解技术谈起[J].当代教育科学,2015(14):13-15,31.

[12] 邵朝友,周文叶,崔允漷.基于核心素养的课程标准研制:国际经验与启示[J].全球教育展望,2015(8):14—22,30.

[13] 邵朝友.学科素养模型及其验证:别国的经验[J].全球教育展望,2016(5):11—20.

[14] 盛晓慧.大观念与基于大观念的课程建构[J].当代教育科学,2015(18):27—31.

[15] 石鸥.核心素养的课程与教学价值[J].华东师范大学学报(教育科学版),2016

(2):9—11.

[16] 施良方.课程理论——课程的基础、原理与问题[M].北京:教育科学出版社,1996.

[17] 台湾教育研究院.K-12各教育阶段核心素养与各领域课程统整研究总计划书期末报告[R].台北:台湾教育研究院,2012.

[18] 吴庆麟.认知心理学[M].上海:上海科技出版社,2000.

[19] 辛涛.学生发展核心素养研究应注意几个问题[J].华东师范大学学报(教育科学版),2016(2):6—7.

[20] 余文森.从三维目标走向核心素养[J].华东师范大学学报(教育科学版),2016(2):11—13.

[21] 杨向东.基础教育学业质量标准研制[J].全球教育展望,2012(5):34-43.

[22] 张华,钟启泉.课程与教学论[M].上海:上海教育出版社,2000.

[23] 张华.论核心素养的内涵[J].上海:全球教育展望,2016(5):10—24.

[24] 钟启泉.基于核心素养的课程发展:挑战与课题[J].上海:全球教育展望,2016(2):3—25.

[英文部分]

[25] Aldrich, R.. Lessons from history of education [M]. Routledge, London and New York, 2006.

[26] Andrade, H. G.. Understanding Rubrics [J]. Educational Leadership, 1996 (54).

[27] Clark, E.. Designing and implementing an integrated curriculum: A student-centered approach [M]. Brandon, Vermont: Holistic Education Press, 1997.

[28] Gilomen, H.. Desired outcomes: A successful life and a well-functioning society. In D. Rychen & L. Salganik (Eds.), Key competencies for a successful life and a well-functioning society. Cambridge and Gottingen: Hogrefe & Huber, 2003.

[29] New Zealand Ministry of Education.. Key competencies and the New Zealand Curriculum [EB/OL]. (2012-06-08). http://keycompetencies.tki.org.nz/.

[30] Ontario Education Department. . Curriculum Framework [EB/OL]. (2013 - 09 - 09). http://www. edu. gov. on. ca/eng/document/curricul/curr97ma/achieve. html.

[31] Rychen, D. S. . An overarching conceptual framework for assessing key competences: lessons from an interdisciplinary and policy-oriented approach [R]. Office for Official Publications of the European Communities, 2004.

[32] Scottish Government. . Sciences: Experiences and outcomes [EB/OL]. (2015 - 06 - 14). http://www. ltscotland. org. uk/learningteachingandassessment/.

[33] Squires, D. A. . Aligning and balancing the standards-based curriculum [M]. Thousand Oake, CA: 2005.

[34] Wiggins, G. & McTighe, J. . Understanding by design(2nd.)[M]. Alexandria, VA: Association for Supervision and Curriculum Development, 2005.